U0135883

讓生命潛能 帶你探索心靈世界的真、善、美
Life Potential Publishing Co., Ltd

靈性覺醒道路上的清晰引導

回到當下的旅程

Journey into Now

Clear Guidance on the Path of Spiritual Awakenin

李耳納・傑克伯森 Leonard Jacobson 著　鄭羽庭 Tina Tan

獻給那些真誠在尋找「覺醒」的人……

就如同《當下的力量》這本書及其他類似的書籍，全部都是指出處在當下的重要性，而《回到當下的旅程》這本新書則帶領讀者進入處在當下的一個層面，提供答案給那些真誠在尋找「覺醒」的人。

我們要如何治療並完成結束我們的過去，進而增加處在當下的可能性？我們覺醒最主要的障礙是什麼？治療、寬恕和悔悟在覺醒中所扮演的角色是什麼？我們該如何從那傷害我們健康、人際關係和生活樂趣所壓抑的情感情緒中得到自由？我們要如何從我執的專制中得到自由？又隱藏在開悟中的要訣是什麼？有一把精通的主鑰匙嗎？靈體之旅是什麼？靈體的功課是什麼？過去世真的存在嗎？有可能打開並進入直接的經歷體驗「上帝和永恆的現在」嗎？我們要如何有意識的生活在無意識的世界裡呢？

處在當下不但提升了我們生命、生活的每一個層面，也強化了我們的力量，使我們脫離痛苦的束縛、得到自由，也脫離狹隘的過去和對未來的焦慮。

而當我們完全駐足於當下，我們生活在沒有想法、分別批判心、恐懼和欲求之中，我們活在接受的狀態下，我們以「愛」的本身呈現在這世界上，分離隔絕的幻象消失了，我們以強而有力的和平及那持續不斷萬物同一體的感受意識活在這個世界上。

人類意識的覺醒是我們未來唯一的希望，

如果覺醒的人足夠了，那世界就能得到拯救。

目錄

推薦文——

再次踏上神的國度——天堂

賴佩霞

從參與心理工作坊開始，我開始步上所謂跟「自己」在一起的旅程。從那刻起，我的生命便進入了一個完全不同的向度與蛻變。一次次血淋淋地揭露內在陰影、黑暗，確實是需要相當大的勇氣及對愛的強烈追求。經驗告訴我，就在那痛楚的核心，其實蘊藏著至高的智慧與至善的情操。掐指一算，這探索之旅也走了近二十個年頭。

這個駐在賴佩霞身體裡的靈魂，開懷喜悅地經歷每一天、每一刻，觀賞著我執（Ego）所創造的精采人生。之所以精采，是因爲如果沒有我執所創造的糾葛情節，還眞不知要如何排遣漫長平靜的生活。雖然人們常宣稱渴望擁有幸福、安定的生活，但仔細觀察其言行舉止，其實明顯違背所要追求的品質。對一般人來說，平靜意謂著無聊、無成就感。在未眞正了解寧靜之美以前，刺激儼然才是多數人心智滿足的所在。

我執確實爲我增添不少難忘的戲碼、多元的經驗、豐富的人生。沒有過往我執所引發的痛苦糾葛，怎教我能窺見今日的寧靜？又如何提升至今日充滿感恩有愛的人間天堂。爲了要清晰我執的運作，覺知乃是最重要的關鍵之一。

透過靜心，孕育覺察的能力。有了覺察，才能偵測我執起伏的過程，了解人性的制約，化解桎梏的習性，進而培養新的習慣，奉獻出生命至善的品質。我執的存在，再再提醒我，切勿因自己身處天堂而視他人的痛苦為荒誕。要敬重他人蛻變的神聖旅程。我執一次一次的揚起，是爲了喚醒我內在更深的同理與慈悲。

學習面對自己的黑暗絕對會經歷掙扎逃避，但這是一個值得探索的旅程。只有如此，內在無意識的陰影、黑暗才有機會被光亮所點化，由不安的情緒蛻變為慈悲的同理。無論未來再揚起各式各樣的我執，將會蘊涵著愛的覺知而迎向光明。如此清新的笑臉，才是你真實的臉孔。

作者透過靈性啓發、一次次覺醒的透析，將他的洞見鉅細靡遺地與讀者分享。每一句話都顯示出他對心智的耐心與慈悲。如今，覺醒的火焰已在世界各地蔓延，就在你拿起此書的片刻，這道火焰又更加光亮了。

這趟回到當下的旅程，隨著作者的分享，當下，我再次踏上神的國度——天堂。

・賴佩霞：身心靈導師、樂活藝術創作者、歌手、主持人。

推薦文——

找到回家的路

未接觸李耳納．傑克伯森所著《回到當下的旅程》這本書之前，我們對於覺醒和當下的認知僅限於在靈性追求一路上所習得的模糊概念。不但不知道當下為何物？更遑論深入駐足於當下？我們看到許多靈性書籍都有提到「活在當下」的字眼，所以我們認知到「當下」應該是很重要的。但是什麼是眞正的處在當下呢？究竟當下這刻是什麼樣的狀態？經典沒有記載，明師沒有教導，聖靈更是迂迂迴迴，要覺醒似乎是一件遙不可及、非常困難、很神祕的一件事。

我們非常地渴望覺醒，所以一直很努力研讀各種靈性書籍、經典，唯恐蒐集不夠完整且落後他人，更期望能從別人的開悟體驗獲得覺醒的相關訊息而覺醒。所以拜訪靈性的導師、持戒、練習靜坐、參加靈性課程等等，樂此不疲，以爲這樣最後就會覺醒、開悟。我們甚至企圖打敗或消滅我執。原來我執是指過去那未完成意識學習功課的我，我怎麼有可能消滅我自己呢？

二〇〇八年五月恩典降臨，收到 Tina 翻譯自《回到當下的旅程》這本書的手稿，閱讀之後發現書中的每一句話都深深地撼動我們的心，終於實現生生世世最深切的渴望，獲得有關覺醒最珍貴的無價訊息。感恩上帝的厚愛，回應了我們今生的渴求，感激Tina的中文翻譯，我們才有機會以母語直接接觸這寶藏。了解生命的眞理就是活在當下這刻。存在現在就是覺醒的意識。明白完全覺醒的障礙、覺醒之鑰以及如何與我執建立良好的關係，脫離我執的控制。至於頭腦的自然天性、超越感受、靈體的旅程及功課，更是前所未聞、有史以來不曾有人揭露的祕密。

原來，每一個人生生世世逃避、不願意面對和未完成、壓抑在內在的意識層面是那麼的不可思議。我執就像奧斯卡金像獎最佳導演兼演員，自導又自演，其手法之高明簡直是到打敗天下無敵手，三界我稱王，永遠虎視眈眈，一袋子的詭計，千變萬化的偽裝高手。面對自己的黑暗面是難堪的，必須要有覺知、非常誠實和很大的勇氣。感受的完全治療與釋放的過程是痛苦的。每覺知到無意識支配、左右我們生命的經歷體驗，眼淚經常潰堤。如今我們仍然在超越、釋放對人、事、物的批判看法，用無條件的愛和接受經驗一切。我們在這當中很驚訝的發現自己竟然是「受害者」、「控制者」，更是超級投射機。

感恩上帝、李耳納，尤其是Tina每天的引導，帶領我們全然的愛自己和接受自己，走出頭腦千古的迷宮，識破我執的慣用技倆和變身，藉由Tina這面無瑕的鏡子而看清並且認識自己，引導我們更深入駐足於當下，因為再掉回我執的陷阱，就無法醒了。感恩我執不斷的測試，感恩在覺醒路上所有的聖靈、明師、朋友、家人的陪伴、引導，讓我們找到回家的路！

．不斷地記得當下的上帝，不再迷失在頭腦裡的許適湖、黃遠麗，選擇堅處當下的存在體。

．編按：感謝許適湖、黃遠麗協助校對本書。

譯者序——

獻給對生命的真理、覺醒有興趣的朋友們

我是個平凡的家庭主婦，唯一不平凡之處或許是我對生命的疑惑，想要了解生命眞正的目的、眞正的旅程是什麼吧？

爲了這個原因，於一九八八年冬天在一位上師的引導下，經歷了一次進入沒有時間、沒有空間一片寂靜無我的狀態中，那感受雖說只有一剎那，卻有永恆的感覺。從此以後，爲了追求這個感受，我遵守戒律、努力靜坐渴望再次得到那永恆的感覺，殊不知那是處在當下來自上帝的恩典，你是不能留住的。

就這樣直到二〇〇七年春，從朋友那兒得知李耳納·傑克伯森這位當代的靈性導師，在閱讀了他四本著作《來自寂靜的訊息》、《擁抱當下》、《架上天堂與地球的橋》和《回到當下的旅程》後，就訂了機票去參加他在加州聖塔克魯茲聖瑪當娜山靜修中心，爲期五天的靜心活動。

那次的靜心活動我只能用一個字來形容我的悸動：「哇！」好簡單喔！只要放鬆處

在當下這刻，所有的奧祕就會呈現給你；一切發生在活動的第二天，那是禁語深入自己內在處在當下這刻的活動。當時我坐在山上水池邊和水中游的魚、林中的鳥鳴、池邊盛開的花朵、飛舞採蜜的蜂兒、蔚藍的天空、溫暖的陽光、輕撫臉頰的微風等同處在當下這刻，那是一種充滿喜悅的感受，我十分的忘我，忽然間，我發現自己進入了那上帝存在一切事物內，上帝是空無、上帝是同一體的空間層面裡，就這樣處在時間空間消失的狀態下，也不知過了多久，在意識慢慢的融入下，感覺好似上帝在引導我朝教室的方向走去，直到走到了教室那棟建築物，我才意識到已經開始上課了。

在滿是存在現在寂靜上帝的祝福下，我輕柔覺知的進入教室悄悄的坐下，就好像我一直在那兒一樣，而整個存在的團體充滿了上帝的光和愛，那光芒亮到我的肉眼都快承受不住了。從此我堅定了處在當下是生命旅程唯一的目的，也是唯一的眞理，我只需處在當下這刻，沒有想法，讓上帝引導。這次滿是上帝祝福的經歷體驗，一直持續了一星期左右。

同年秋天我再次報名參加了爲期六天的靜心活動。這次活動，我每天都處在上帝光的祝福中，內在充滿了寂靜、喜悅、和平，就這樣直到第五天，我的內在升起了莫名的掙扎，那要掙脫的憤怒、悲傷在內在沸騰不已。我決定到山中漫步與山林同處在當下，處在當下這刻寂靜上帝的引導下，當我漫步至山谷中時，那與上帝分離的悲傷如湧泉般冒出來，我在山谷中嘶喊大哭，讓淚水盡情奔流，直到那悲傷的能量慢慢的消失，而我回到了當下這刻寂靜的核心內爲止，那寂靜是那麼的靜止，我沉浸在其中。

隔天早上最後一堂課時，在我處在當下這刻深層寂靜下，憤怒忽然升起，猶如火山即將爆發，我舉手請求李耳納導師引導。李耳納導師引導我用無條件的愛、接受、擁有、告白、沒有批判看法的方式表達我的憤怒；我爆發了我的憤怒，如獅子怒吼般的將我所有壓抑的憤怒全部宣洩出來。

結束後我歸於我核心中的寂靜，繼續深入當下這刻，就好像什麼都沒發生過一般，不過周圍所見的一切卻完全不同了，變得更光輝、更燦爛，李耳納導師更是完全的沉浸並幾乎消失在光芒中，上帝的愛充滿了我整個存在，那是語言無法形容的。

從此以後，我在李耳納導師《回到當下的旅程》這本書的帶領下，堅持不斷地深入當下這刻，深入自己存在現在寂靜的核心中，經由無條件的愛、接受、擁有、告白、沒有批判看法的表達，並放下一切知識、成見、信念、意見和放下一切控制，接受所有層面的自己等的歷練過程，讓自己內在平衡，以達深入駐足在自己的內在核心的寂靜中。

我知道自己到家了，無論在何處，只要堅定的處在當下這刻、現在、這裡，就是生活在天堂的地球。

我所寫的只是在堅持覺醒的過程中一小部分的經歷體驗，他是屬於我個人的覺醒經歷，請你看完就放下，忘了他。因爲你若決定覺醒，你會有屬於你自己覺醒過程的經歷體驗。

讓我們共同處在當下這刻生命的眞理中，
完成我們靈體的眞正旅程，
讓《回到當下的旅程》這顆完美閃亮的鑽石，引導你回到永恆的現在。

獻上永恆的愛與祝福！

譯者羽庭的覺醒過程

《回到當下的旅程》這本書是上帝的邀請函，邀請你進入上帝的家，
打開內在的新視野——進入浩瀚的寂靜世界——揭露天堂的存在——地球。

從處在當下，當下這刻的門進入。

做一個永恆的存在體，
活在存在現在中，
就在此時就在此刻。

處在當下是生命唯一的眞理，
從根本上完全駐足於當下這刻，
深入存在現在、愛、眞理和同一體，
深入寂靜，沒有想法。

一切感官可意識到的皆爲上帝的化身，
完完全全的臣服於上帝的旨意下，
摯愛的「上帝」當下這刻，對我而言就足夠了，
處在當下和「上帝」的化身同處在一起，
處在與「上帝」同一體永恆的寂靜意識中，
在那兒是沒有時間、空間的，時間、空間、當下同時的存在。

在寂靜沒有想法之外的全是我執，
我執是過去的你對未完成的無意識的執念，
要回應處在當下時，內在升起的一切，包括在當下身體的呼吸感覺如痛癢等，
什麼就是什麼，沒有別的，
所有升起的一切都是關於你的，與他人毫無關係，
過去發生的與當下這刻沒有關係且未發生在當下這刻，
未來永遠都不會到來，有的只是現在、這裡、這刻，
情感情緒的感受屬於上帝，在這刻升起就屬於這刻。

要客觀的觀照，有意識的覺知內在升起的一切，
不要相信，亦不要不信，要保持開放的心靈，
放下所有的成見，概念和信念，
放下靈性靈修成就的追求、執念，
沒有開悟、沒有境界、沒有解脫、沒有拯救的想法，
想法是屬於頭腦的，是我執的工具，
放下所有的批判看法，尤其是對自我和我執的批判看法，
要超越批判看法。

完整完全的去感覺升起的感受，
有意識的覺知那無意識層面對外界的一切投射，尤其是投射到他人身上的，
不要與他人糾纏不清，要脫離出來，
用負責、誠信正直、誠實、憐憫、愛心，接受升自當下的一切，
這包括了生生世世所有壓抑的情感情緒，
擁有、承認、告白、悔過，忠實的表達宣洩，以達到完全的治療和釋放。

「上帝」的本質是生死的孕育、死亡是頭腦最大的依戀幻象，
處在當下，向「上帝」臣服死亡，接受「上帝」意志的引導，
超越生死，沒來沒去，只是永恆的在。

要隨時客觀地、放鬆地、和平地觀照並有意識的覺知，
看穿我執與頭腦的陷阱，詭計和誘惑，
脫離他們的幻象世界，他們的控制，
恢復與我執良好正常的關係，
讓我執眞正的站在一旁，在時間的世界裡爲你服務，
而你爲「上帝」服務。

成爲精通熟練的引導者，
成爲我執與頭腦的主人，
成爲眞正的覺醒者，眞正的「上帝」僕人。

感謝祢，摯愛的「上帝」，爲祢服務是無上的榮耀。

感謝覺醒旅程上所有開啓引導我的明師，靈界引導者，
感謝恩師李耳納的教誨引導，
感謝所有幫助我喚醒「我是」覺醒的朋友、親人，
感謝我的我執和頭腦，感謝你們不斷的測試提醒，
感謝地球、天堂、大地之母與我同處在當下，
感謝當下這刻永恆的現在。

～獻上真摯的愛～

Tina Tan

名詞解釋

生命的真理（Truth of Life）：是指那唯一眞正你可以擁有的生命，就是活在當下這刻的生命，沒有頭腦、想法介入的生命。

同一體（Oneness）：當你與你自己的「一」連繫上，回到你自己的「一」，你就進入了與其他所有存在體的「一」的連結網。

上帝（God）：是指存在所有無形無象和所有有形有象事物核心內存在現在的大力量，其本質是無條件的愛、接受、允許和沒有任何的批判看法。

I AM：兩個單字合起來用，成爲一個名詞的英文字，也就是「I AM」IS THE GOD，「我是」是上帝的稱呼，是每個人內在的本質。

祂：是上帝的純意識無形無象存在現在的能量。

感官意識（Sence Consciousness）：眼、耳、鼻、舌、皮膚等五個器官與實體的連接感。

官感（Sense）：五個器官引起的感受。

情感（Feeling）：你所依戀、執著的感受。

情緒（Emotion）：依戀、執著所引發的感受、波動，例如喜、怒、哀、樂等。

存在現在（Presence）：是處在當下這刻的核心，是「我是」，是純意識，是上帝，是無條件的愛和接受。

經歷體驗（Experience）：感受的完全治療與釋放的過程，是覺醒脫離我執／頭腦的過程。

批判看法（Judgment）：對人事物的主觀看法。超越批判看法是覺醒最主要之鑰。

無意識（Unconsciousness）：每一個人生生世世逃避面對和未完成、壓抑在內在的意識層面。

我執（Ego）：是指過去那未完成意識學習功課的你，認爲他是現在的你。我執同時也是沒有形體的能量，他是你過去那未完成意識能量的集合，說穿了他就是你生生世世的記憶。

他：情感情緒是來自你的內在，所以是人字旁的「他」代稱，他只屬於你，他在你的裡面。

・編注：感謝譯者爲讀者整理出本書的名詞解釋。

前言——

揭露隱藏的覺醒之鑰

當你讀這本書時，就意謂著你已經準備將自己從那局限的頭腦世界裡釋放、解脫出來，進入那無止盡的世界裡——「現在」。

這是一本能全面引導你覺醒的書，當你覺醒時，你會發現一個更神聖美麗、超乎想像的世界。

在這本書中，我和你分享，如何用簡單的方式使你的頭腦寂靜下來，如何進入完全的存在中，並覺知到生命的真理。我會呈現給你，讓你知道如何成為頭腦和我執的主人，進而使你每天都能從根本上停留在當下生活。

「存在現在」（Presence）是無價之寶，他能強化提升你生命的每一個層面。

我會引導你進入當下這刻的本質，說明過去世和靈體的旅程，說明上帝和永恆生命的空間，說明那需要治療、寬恕和悔悟的一切，說明如何正確釋放表達你的情感情緒，說明我執所擅長的技倆及如何脫離他的專制，我甚至敘述死亡。

不過我可以保證，我所說的一切，只有一個結局，那就是如何讓我們自己從過去解脫出來，完全的覺醒進入當下這刻？如何自幻象中醒來進入生命的真理？如何恢復與上帝同一體，且能繼續在時間的世界裡有效率的生活？

我真誠的懇請你用你的純真閱讀每一頁。這本書並不是為你的頭腦和我執而寫的，這本書是寫給覺醒空間的你，那空間的你是永遠清醒的，而且總是在覺醒中，我把這本書獻給在那個空間中永恆的你。

這本書每一頁都揭露一部分的奧祕，就好似回家的地圖，我建議你仔細的全部閱讀一遍，然後每隔一段時間就去翻閱翻閱，你將會發現每一頁都隱藏著覺醒之鑰。

這本書能喚醒、解放我們內在那沉睡的巨人，

如果你真正的去擁抱接受這本書所寫的一切，你就會覺醒。

・注：本書中所提到的人，爲保障他們的隱私，均用化名。

這旅程是從
這裡到「這裡」，
而唯一能到達的
時間是「現在」。

我們正走向
變回
原來的我們的旅程，
而這正是我們
生命中不得不信的矛盾。

第一章

覺醒的呼喚

過去已經消逝，
未來從未到達過，
事實的真相是，
在這刻之外沒有生命。

我知道你是誰

我要從「我知道你是誰」說起，你是永恆的存在體；你是愛、接受、憐憫；你是堅毅、明晰、真理；在你的最深層你是純淨的意識，超越形體和內容；你是無法想像的強大；你是上帝在地球上意志的化身代表；你是上帝的守護者；而你最終的命運是覺醒進入同一體；你是你靈體的主宰；你的靈體經由你這一世的覺醒恢復了祂的永生不朽；你是同一體的救主，揭露了天堂在地球；你是佛陀，是上帝純淨意識的顯現；你是基督，是上帝純真心靈的顯現；你是老子，是上帝在這個世界上生活方式的顯現；你是那覺醒的男人；你是那覺醒的女人。

你是永恆的，只不過你是在穿越時間旅行；而你的旅程把你從同一體帶進二分性的世界；把你帶入幻象和分離的世界；把你從當下這刻帶入過去和未來的世界；把你自真理中帶出，進入思想、概念、看法、信念的世界裡。

這趟旅程原本是十分有意義的，但是最主要的是，我們迷路了，我們迷失了自己，我們已經忘了我們是誰，我們以我執在個人和分離的世界裡運作，我們偏離真理太遠了，任隨那嬌寵的孩子揮霍浪費生命。不過由於科技的蓬勃發展，若我們繼續無意識的在地球上生存，是會造成毀滅性的結果的。

覺醒的時間到了，不過在我們覺醒前，我們必須清楚知道我們是怎麼，而且是在哪兒迷失了自己。

人類存在的窘境

大多數的人類都活在無意識的狀態下，就算是睜開著眼呈現出醒的樣子在說話、走路、活動、過生活，事實上卻沒有甦醒。

我們迷失在頭腦裡，那個記得過去和幻想未來的世界裡，那裡是一個充滿回憶幻象的世界，也是個意見、思考、概念、信念的世界；這個世界提供給我們當下這刻以外我們對自己的感覺，而那是最大的幻象。

真相是，沒有任何生命存在當下這刻之外的，這是真理，你不可能也不能存在當下這刻之外的。人類頭腦的思想世界是幻象的世界，而且幾乎每個人都相信那個世界是真實的，這就如同我們睡著了活在夢裡一樣，這就是為什麼我們必須覺醒。

靈性上的覺醒或開悟，就是要從頭腦那過去和未來的世界中醒過來，進入當下這刻的真理與真實之中。

要一直等到你覺醒，並完全的存在於當下後，你才會認識了解到你沒有真正的在這裡。也就是說除非你醒過來，否則你不會知道你活在睡夢中，而開悟就是從夢中醒來，在意識上有深刻與戲劇性的大轉變。

分離

我們愈陷在頭腦那喋喋不休永無止盡的想法內，我們就會愈有與當下這刻所揭露的一切的分離感，也就是有與那生命存在的真理和真實分開來的感覺。

在我們那微細和無意識的層面裡，我們覺得與當下這刻分離；我們彼此覺得分離；我們覺得與生命的源頭分離；我們覺得與上帝分離；而幾乎所有的人類，皆試圖去對付或逃避這個存在我們無意識生命下原始的分離感。

分離的世界

當我們在頭腦裡，我們存在另一個世界裡，那個世界是與世隔離的世界。這個星球上有多少無意識的人，就有多少個不同分離的世界。我們常會跟我們有類似雷同世界的人和睦相處，而且沒有人例外。

不過當我們轉變自己，活在當下這刻的真實中時，我們就會離開那分離的世界，進入一個經由感官去經歷體驗的世界「現在」。

在「現在」那個世界裡，沒有任何的記憶或想像扭曲我們真實的存在，也沒有任何的概念、主意、思想、意見或信念扭曲我們對「現在這裡」的經歷體驗，沒有任何的哲理或宗教可以隔開我們，我們的頭腦是寂靜的，「我是」寂靜的，「你是」寂靜的，我們之間的寂靜怎麼可能不一樣呢？是不可能不一樣的，而在那寂靜與存在現在中，我們同一體。

我執

當你迷失在頭腦的世界裡，你被我執所控制，且以我執的身分在世界運作。且讓我用一些簡單的句子和短語，統計一下我執在這個世界上運作的基本模式與態度。

「我！我！我！」

「我的！我的！我的！」
「我是對的！我是對的！我是對的！」
「我該怎麼利用，又如何為我所用呢？」
「我能從中得到什麼？」

在這個星球居住著六十億個我執，所以你怎麼有可能看不見這個世界處於遺憾悲傷的狀態呢？又怎麼能看不見人類為了短期的利益摧毀這個地球的天堂？你看不見那老虎、猩猩及其他無數的物種瀕臨絕跡嗎？看不見那許許多多不公平、不公正、剝削、凌虐、貪婪、殘酷與不平等的對待等等行徑，在這個星球上進行著嗎？

我們經常和跟我們有同樣類似的幻象群相處得十分融洽，可是這叫做勾結串通，我們說這些人是我們的朋友。反之，我們會對那些膽敢跟我們相信不同幻象的人宣戰，因為他們是我們的敵人，宗教及其教義就是十分明顯和危險的例子，而種族主義是另外一個。

「我！我！我！」
「我的！我的！我的！」

「我是對的！我是對的！我是對的！」

「我該怎麼利用，又如何為我所用呢？」

「我能從中得到什麼？」

你能看出我執的基本態度，對我們的生活和人際關係上每一個層面的影響了吧！而這也同時揭露了許多對我們政治、經濟體系、國防重要設施等真正的主導因素，正由於我們人類以我執無意識的活在這個星球上，逐漸變成人類不適合居住在這個美麗星球上真正的主因，所以將來地球的繼承居住者是螞蟻和蟑螂。

覺醒的時間到了，我們必須一個一個的覺醒，讓那覺醒的能量在集合的層面會合，不過，要是我們不去面對因為在分離世界和時間內旅程所塑造出的自我的話，我們是無法覺醒的。如果我們要脫離我執的控制支配，我們就必須擁有、接受、坦承我們的我執。

要怎麼做才算是眞正的處在當下呢？

要處在當下，就得覺醒進入空無空間的你和超越頭腦思想存在的你，而你是寂靜的，並完全與實際存在現在這裡的一切同處在當下。

如果你完全處在當下而且只處在這一刻，你就是在生命的真理中覺醒。

而在那存在現在覺醒的最深層處，過去和未來消失了，有的只是這一刻，你是在那永恆的現在中覺醒，但你無法在時間的世界裡運作。這個理由很簡單，因為在那裡時間不存在，而且也完全沒有自己存在的感受意識。

這並不是說一個覺醒的人，會一直處在存在現在的最深層，他可以處在比較淺層的存在現在，使他能夠在時間的世界裡運作，也就是說即使你參與時間世界的運行，你仍然知道當下這刻是生命的真理，而且你會一直深入在存在現在中。

如果你能從根本上覺醒於存在現在中，那你會活在沒有批判看法、恐懼、害怕、欲求的生活中，你會活在接受包容的狀態下，在這個世界你是愛的化身，而且那分離的幻象消失不見了，你會有強烈萬物同一體的感受意識，並不斷地覺知到客觀的和永恆的存在空間。你視眾生皆平等開悟，即使是他們沒有覺知意識到這一點，而這也涵蓋了動物界和大自然界，你根本不可能蓄意傷害任何生命，你是慈愛憐憫的，你的行為總是正直誠信，你無法不誠實面對，因為在你的內在有股能量不許你不誠實。

而當你從根本上覺醒於生命的真理中，你實質上是自由的，不受我執的動機、欲求、反應所束縛。

這不是暗示一個覺醒的人是完美的，有時也會像一般人一樣的去反應，經歷恐懼、徬徨或是傷害與痛苦的感受，所不同的是，現在的你知道你只是暫時性的掉在幻象的分離中，你不會去相信那虛幻的故事，你知道那都是過去將自己投射到當下這刻的。你也不會情緒化的去認同，而且不管是什麼顯現，你都會完全的負起你的責任，你會擁有並接受一切的經歷體驗，但是你不會有把他當成真理的行為反應，也就是說你知道那不是真理。

兩種可能性

在你生命的每一刻均存在著兩種可能性，你不是完全活在當下，就是在頭腦裡。

當你完全地處在當下，你處在稱為「存在現在」的意識狀態中，你現在在這裡，你在經歷體驗那真理與真實的當下這刻，那分離的幻象消失了，你處在內在的寂靜中，連繫著與你同在的每一個片刻。

當你在頭腦裡，你拋棄了真理與真實的當下這刻，進入那幻象的世界裡，你活在過去和未來的世界裡，你不在這裡，你所經歷體驗的都不是真的。

用想法、記憶和想像的力量，你創造了幻象的世界，現在你注定要活在其中，而幾乎所有人類的苦難均源自這簡單的事實。

你沒有在這裡啊！

在這些年為許多人所做過的引導中，有一位的主題是我覺得表達得最好的，她是戴安娜女士，一位四十歲左右，常常來參加我引導講座的學生，而直到最後她才安排和我做了一次個別引導。

在跟我分享了一些她生命中困難的經歷，和宣洩一些情感情緒的痛苦後，她終於進入了她的核心項目。

「我就是不要在這裡。」她十分強烈的抗議，而這是針對我向她提出的問題所做的回應。

過去這些年來，我從許多人那裡聽到過相同的內容，這是覺醒的主要障礙，而要覺醒是要含括「完全在這裡」的。

「為什麼你不想要在這裡？」

她很清楚的回答我：「這裡太苦了，我感到困難重重，十分的痛苦。」

眼淚自她的臉龐流下，因為她坎坷的人生使她充滿了情感情緒上的創痛，而現在她把所有她內在壓抑的痛苦全都釋放出來。

「我真的不想要在這裡。」她抽噎啜泣的說。

「你要怎樣都可以，」我回答她，「可是你沒有在這裡呀！」

她感到十分困惑。

「你是什麼意思？如果我不在這裡，那麼我在哪裡呢？」

「在你出生後能完全進入生命顯現前，你離開了現在這裡的這個世界，進入那個不在這裡的世界，你根本就還不在這裡，你怎麼會知道你想要或不想要在這裡呢？我建議你保留你的決定，直到你真正的在這裡。」

「我不懂，」她說，「如果我不在這裡，那麼我在哪裡呢？」

「在你年輕的時候，你進入了人類思想頭腦所創造出來那個過去與未來的世界裡，而且你迷失在那裡，那個頭腦的世界包含了所有你過去的創痛，但是在這一刻創痛並不存在，你會繼續受苦是因為你被過去所遭遇的痛苦記憶牢牢地綁住，你不斷地受苦是因為你迷失在頭腦裡，你迷失在過去。」

她停止流淚，十分專注的聽著我所說的話。

「你無法知道你想要或不想要待在這裡，直到你真的在這裡。」我告訴她，「當你終於將你自己從頭腦的囚籠裡釋放出來，並過著在這裡的生命真理的生活後，你會發現地球就是天堂的所在地，而你所受的苦就會結束，然後你會十分感恩感謝你在這裡。」

你是怎麼進入頭腦的世界？

每當你想的時候，你就進入了頭腦的世界，無論那是靈性的想法或者是聰明的想法，任何的想法都會帶你到那個世界。

我並不是說你必須停止去「想」，也不是說「想」是件不好的事，我只是告訴你所有的想法都會帶你進入頭腦的世界。

你用相信的力量來放大強化你的想法，而你愈用信念放大強化你的想法，你就會愈來愈深陷在頭腦的世界裡出不來；而你愈讚嘆你的想法，你就會愈迷失在你頭腦的世界裡。

真理是，沒有任何生命是存在當下這刻之外的，而這簡單的真理，是我們所有的人早晚都要接受臣服的。

離開當下這刻

我們人類面臨著一些困境，因為我們不知道如何停止想法，而這是事實不是嗎？有多少人能停止想法，只是單純地在這裡，存在寂靜與存在現在中呢？如果你不能停止想法，那你就無法處在當下，因為所有的想法都會帶你進入頭腦的世界裡。

想並沒什麼不好，進入頭腦的世界也沒什麼不好，只要你知道你進入的是一個幻象的世界，而當下這刻是生命存在的真理，那麼你可以帶著你的想法、記憶、想像力等在時間的世界裡玩耍，盡情玩樂吧！但要小心喔，在那頭腦的世界裡是很容易迷失的喔！

如果你對你所創造的想法有任何的認同或者是太認真嚴肅，你就會和當下這刻及生命存在的真理分開來，你會拋棄上帝、愛、真理和當下這刻，轉而進入頭腦那幻象的世界裡，那是個充滿了扭曲變形記憶與謊言的虛幻世界。

你可以選擇「想」

你可以選擇「想」，而且你可以在「想」的同時停留在當下，真相是你的「想」是真的，可是你所「想」的卻不是。你將會很訝異的得知我很少很少「想」，我並沒有試著去停止「想」，我只在需要的時候「想」，除此外我根本就不「想」。

無意的「想」

如果你正在「想」，但是你並非有意的「想」，那就是頭腦自己主動在「想」，頭腦經由主動的「想」滲透進入你的生活，然後你就被他抓入了他的世界，於是你成了你頭腦的囚犯，而且你無法脫逃，因為那兒有一個非常有效率的監獄長，他就是你的我執。

寂靜

當你完全地沉浸在當下裡，你的想法會停止，你的頭腦是寂靜的，你並沒有試著去停止「想」，就只是因為你處在當下，就這麼簡單。

但是還有更深層面的和平安詳與寂靜等著顯現出來，在你的頭腦變得寂靜後，有一扇你那內在的門就打開了，允許那無限的與永恆的寂靜從你核心的存在體顯露出來。

這無限的與永恆的寂靜是你那存在體的本質，祂是你天生自然的本性，祂是所有存在的本質，祂是純意識永恆寂靜的顯現，祂是你的「我是」。

祂是存在這一刻空間的你，而且只存在這一刻，也是這一刻空間的你存在那同一體內，祂是你的佛性，祂是基督的你與上帝同一體。

處在寂靜的當下這刻

當我們處在寂靜的當下這刻時，就沒有過去沒有未來；沒有想法、意見、概念或信念；也沒有批判看法；沒有對或錯；沒有好或壞；沒有注定，也沒有救贖；沒有絕望，也沒有希望；沒有譴責或自責；沒有期待或怨恨；沒有恐懼或欲求；沒有分離；沒有切割或界限；有的只是「現在」這一刻。

處在寂靜的當下這刻時，沒有國籍國界；沒有宗教；沒有信仰、教義學說、教理信條；沒有所有權、占有或控制；沒有成功或失敗；沒有結果；有的只是「現在」這一刻。

一片寬廣無垠的藍天

當你完全地沉浸在當下，你頭腦寂靜的時候；你是處於純淨的意識狀態中，就像那寬廣無垠、晴朗清澈沒有一片雲的藍天，而當想法升起時，就像一小片雲一樣，穿越經過無垠的藍天。

你想那一小片雲能把藍天遮住嗎？當然是不能的。

不過如果你經由認同、相信甚至試著去趕走的方式，與那片雲扯上關係而糾纏不清的話，你將會發現你自己已經被那片雲吸了進去，而那片無垠的藍天你就會視而不見，也得不到他的支持。

若是從另一方面來說，如果你只是單純的看著想法升起，你既不反抗也不贊同那個想法的話，那麼你就會停留在敞開與無垠藍天同在的狀態中。

如果你繼續不斷地想，那麼突然間千千片升起的小雲，就會將那無垠的藍天完全遮住。

無垠藍天不會消失不見，永遠在這裡；但是你的覺知被不斷升起的想法遮住，現在你和藍天失去了連繫，你把你自己和你那自然本質的天性分隔開來，而你那本質純淨的、無限的、寂靜的與永恆的意識，就是那片寬廣無垠的藍天。

從車庫走到廚房

在我的一次授課中，有一位六十多歲的中年男子，由於完全被我所分享的訊息深深的吸引而舉手發問。

「我如何在我的日常生活中處在當下？」他問，「當我從車庫走到廚房時，該如何處在當下呢？」

當我回應他的問題時，他十分認真的聆聽。

「當你從車庫走到廚房時，處在當下並有意識的覺知你身體的移動，並且與你所看到的東西同處在當下，與你所聽到的聲音同處在當下。用這個方法把你自己完全的帶入當下，你榮耀上帝和生命的真理，那上帝和生命的真理就會顯現在你的面前。」

我的話把他帶入了存在現在的最深層，他整個人散發著光輝，這時我繼續說下去。

「而當你行走在存在現在中時，你會感到和平安詳與愛，那最深層的寂靜自你的內在升起，在你那片刻接著片刻的覺醒下，你將會有對萬事萬物尊敬的感受。如果你能與你沿途所碰到的一切事物完全的同處在當下，那在你從車庫走到廚房的這一路上，你就是一個覺醒的存在體，你的這趟旅程就是神聖的。」

夢

有一個女人睡覺時做夢，在夢中，她在坐火車，在火車裡她遺失了兩件行李，這兩件行李是她唯一的財產，她非常的懊惱。

她開始一節車廂一節車廂的尋找，她找遍了每一個地方，但遍尋不著，她費盡心力就是找不到她的行李，她變得愈來愈焦慮，愈來愈沮喪，她的夢變成了惡夢。

就在此時，一輛車從她的睡房外呼嘯急駛而過，這輛車的喇叭聲讓她開始從夢中甦醒，就在她幾乎醒過來前，她突然記起來她還沒有找到她的行李。

「我還不能醒呢！」她自己這樣想著，「我還沒有找到我的行李啊！」

就在她準備再次進入夢鄉繼續她的夢時，她突然發現她只要醒過來就好了，因為這樣她既不在火車上也沒有遺失她的行李。

在那一刻，她選擇從她的夢中覺醒。

這則寓言，反射出我們生活真理的根本。

在兒時，我們來到一個沒有任何人真正的活在當下的世界，我們得不到無條件的愛，我們不被允許做我們自己或完全的表達自己，而且我們有些人甚至必須承受照顧守護我們的那些人，對我們所施加的凌虐之苦。

這些未能被滿足的需求與情感情緒上的創傷，就是那失去的行李，直到我們找到這兩件行李前，我們是無法自夢中覺醒的，我們仍然會繼續不斷地尋找愛、接受和認同，我們仍然會繼續尋找那個能與我們同處在當下的人，我們仍然會繼續地試著去逃避痛苦。

在夢中我們永遠也找不到我們要找的東西，唯有當我們自夢中醒來，我們才會覺察到我們要找的東西遺失在過去，只要這個尋找繼續不斷，我們就會被尋求解決的過去緊緊的抓住，而且只要這個尋找繼續不停，我們就會一直迷失停留在夢中。

迷失在幻象中

人可以浪費一生的時間去解決問題，超越自我的局限或治療那屬於過去的創傷，但是這些跟當下這刻一點關係都沒有，因此最簡單容易的就是直接覺醒進入當下這刻，在那兒所有的自我局限和情感情緒上的創傷都不存在。

寄望於未來的投射

我們記得些許完美的過去，而將不夠完美的過去向前投射，希望能創造美好的未來，這種執著的過程把我們牢牢的鎖在幻象的世界裡。

把意識帶入夢中

有些人想要覺醒，但是夢不允許他們醒過來，如果你被困在夢中，那麼分享他，暴露他，覺知他，把意識帶入夢中，他就會釋放你。

覺醒的第一階段

覺醒的第一個階段是承認自己還沒醒來，在這個階段唯有承認接受你的痛苦，你才能治療你的痛苦；唯有承認你困在信念的執著上，你才能自這執著的信念中解脫；唯有承認接受你的怒氣，你才能脫離你的怒氣得到自由；在這個階段唯有你接受承認你的恐懼，你才能脫離恐懼得到自由。

如果你不願意去承認面對接受現在的你，你就永遠無法解脫得到自由。而且你必須以全部的愛、接受、憐憫，及不帶有任何批判看法的去承認面對接受。

客觀的、主觀的，我執的兩個層面

本質的你有兩個層面，而我執也有兩個層面，我會清楚的解說這些層面的不同。

在客觀本質的你的最深層，你是永恆的存在體，在這個層面你超越了時間，你超越你的獨特性和你所有的個人感受意識；你以「同一體」的存在包容了所有的一切；你是那純意識、無限的、永恆的、寂靜的存在現在；是「我是」的你；而在這個層面空間，你只存在這刻，沒有別的；那兒沒有過去沒有未來，你的頭腦是寂靜的，你完全的沉浸在當下與真實存在這裡的一切同在。

這是意識完全覺醒的狀態，沒有任何的情感表達，你完完全全沉浸在「現在」這刻，這是客觀的本質的你。

然而那兒有一個主觀、空間層面的你，源自客觀本質的你，反射出你個人的獨特性，在我單純的感受下，我稱他為你的人格特質。

客觀和永恆空間層面的你就如同海洋，而主觀空間層面的你如同海浪，海浪是海洋的表達，而且每一個浪都是特殊獨立的。

在個人主觀的空間層面裡，你仍然駐足於寂靜和存在現在中，時間是允許的，你可以參與時間世界裡的運作，只不過你不會再迷失在其中，也不會去認同那些在時間世界升起浮現的經歷體驗。

經歷體驗來了去，而你則是從根本上留在當下，沒有恐懼，沒有批判看法，沒有欲求，也沒有執著不捨。

你知道只有這一刻是生命的真理，而且每一刻都是不斷地重新出現，每一刻都在完整完全的經歷體驗後釋放走，由於沒有聚集累積任何的經歷體驗，所以過去也不會在你的內在積壓，讓你能夠停留在當下這刻。

你仍然保有記憶，你依舊可以計劃未來，但你不會迷失，即使是你在時間的世界裡玩耍，你還是從根本上駐足停留在當下。

在這個人主觀的層面，你將所有永恆存在現在的品質表達出來，這包括寂靜、和平安詳、愛、接受、憐憫、明晰和毅力，你是特殊獨立的，而且你還是同一體的表達者。

不過，要是你活在恐懼、批判看法、欲求、眷念中，因而未能完整完全的經歷體驗當下這刻，甚至不放掉，這就會導致你的內在將過去未完成的經歷體驗積壓下來，結果就是你被吸入頭腦的世界。

你會愈來愈陷入你的過去和未來，愈來愈掉入你的想法內，致使你和當下這刻斷了連繫，你完全的受制於你過去的記憶和未來的幻想。

再也不是個人主觀層面的你表達那客觀本質的你，而是以我執在那分離的世界裡運作，你活在過去所有的痛苦和狹隘的記憶裡，而你把這些記憶投射到未來那幻想的世界裡，你已經不再活在生命的真理中了。

你始自純意識永恆的存在現在，超越一切的形體與內容，然而你卻走入一個複雜的迷宮，那就是想法、記憶、主意、概念、意見、看法和信念的世界裡，現在你迷失在那裡面。

當你迷失在頭腦的世界裡，你是處在個人的感受中以我執在世界上運作。

不過還有另一個空間層面的我執，就是你那至高無上的人格素質；就是那個在時間世界裡經營管理並控制你生活的人類意識；就是分離隔絕的監護人；這個空間層面的我執是完全不同的，是完全沒有任何釋放你離開他的世界的意願。

當你以我執在運作，我就被我執所控制，你只是我執玩弄戲耍的對象，而且活在我執那無言的法則中。

如果你要覺醒，你必須完全的將你以我執運作因而迷失在頭腦世界的一切，全部都帶到意識覺知；你必須把所有我執用來抓住虜獲控制你的方法，全部都帶到意識覺知。

找路回家

在覺醒的初期，你會感受到在存在現在覺醒狀態下的祝福和喜悅，但是你難免會掉回你的頭腦裡，你的頭腦一直是你居住的地方，也是你長大成人後熟悉習慣的地方。

偶爾，你會離家拜訪當下這刻，不過你不被允許留在那裡，就好像有一根彈性的繩子綁著你，你會很快的被彈拉，離開當下這刻，回到那過去未來頭腦的世界裡。

不過，當你愈深入存在現在，愈來愈深根駐足於當下這刻，愈來愈將頭腦帶入意識覺知，那麼漸漸地一切就會改變，彈力的繩子變得彈性疲乏，你發現你處在當下這刻的時間愈來愈多，而我執也不再堅持要你馬上回來。

頭腦和我執不斷的放鬆與臣服，直到有一天，在沒有任何警告或通知下，你的家從頭腦的世界搬到存在現在的世界，現在你的家是當下這刻。

活在當下是你天生自然的狀態，是你的天性，你仍然會進入頭腦思考，但當你思考完了，你會自動自然的回到存在現在覺醒狀態下的新家，彈力的繩子現在是反方向運作，把你從頭腦拉回到存在現在中。

當這個轉變的現象發生時，就表示你通過了人生最大最重要的轉變；你現在覺醒了，你回到了真正的家，那就是「現在」的世界。

第二章

覺醒的二步舞

只要你知道方向，覺醒是十分簡單的。
經過我這些年的過濾，將覺醒的方法，
濃縮為兩個簡單的步驟，我稱之為
覺醒的二步舞。

第一步～存在現在

這覺醒之舞的第一步，就是知道當下這刻是生命真理的唯一選擇，你天天都以活在當下為主要的選擇，不再缺席。也就是說，你每天有很多很多的時刻都選擇處在當下，而你愈處在當下，你內在那存在現在的空間層面就愈來愈開。

你選擇活在當下的唯一理由是因為你知道那是生命的真理，你選擇和真理在一起，不願意再迷失在那幻象的世界裡。

處在當下之鑰

處在當下實在是太簡單了，有一個訣竅能讓你自頭腦世界的囚籠裡完全地放出來，進入當下這刻，這個訣竅很簡單，我已經分享給我的學生許多年了，那就是——柔和地提醒自己，記得和已經在這裡的一切存在同處在當下，而這就是那簡單的解脫之鑰。

當你活在頭腦的思想世界裡，你是活在過去或未來內，你唯一不存在的地方就是當下這刻，所以你所要做的就是把你自己帶入當下這刻，與那真實存在這刻的一切同在一起，這樣你就會從頭腦那過去與未來的世界裡走出來，進入「現在」的世界裡。

只要你能看到、聽到、感覺到、嚐到、碰觸到或聞到，那你就可以和他們同處在當下，他們存在當下這刻提供了你與他們同處在當下的機會。

當你一早醒來，在起床前，花幾分鐘與你的身體呼吸同處在當下，淋浴時與溫暖的水和香皂同處在當下，吃早餐時與所吃的食物同處在當下，洗碗的時候與洗碗的過程同處在當下，只要你處在當下，就算是洗碗也是神聖的經歷體驗。

環視你所在的房間內，有許許多多可以同處在當下的東西，你可以和每一刻的聲音同在，當你在動時，十分覺知你的動並與之同在，總之不管是什麼在現在這裡，只要與之同處在當下就對了。

每天你都有很多處在當下的機會，而每當你覺知注意到你逐漸地在離開當下，進入想法、回憶和想像的世界時，就立刻把自己帶回到當下這刻，只要你選擇的是當下這刻，你就會愈來愈深入存在現在，而存在現在就會逐漸地將祂所隱藏的寶藏揭露呈現出來，一直到你完全的安定於存在現在中，上帝與地球即天堂顯現出來為止。

你只能和實際存在這裡的一切同處在當下

你不能以抽象的方式處在當下，存在現在與消失在空無是毫無相關的，你只能和實際存在這裡的一切同處在當下。

就算是個門把、是張椅子、是棵樹、是朵花，甚至是隻飛翔在天空的鳥，只要是在這裡在這刻與你同在，就是對你不斷地提供同處在當下的邀請。

回應邀請

我們人類通常是如何去回應進入存在現在的邀請呢？我們啊！視而不見，忽視祂！我們無可救藥的深陷在頭腦的監禁中，甚至連待在當下這裡與之同處在當下幾秒鐘都不願意，我們對生命的真理根本沒興趣，我們是那做夢的人，不斷在夢中做夢。

那要怎麼樣做才能自夢中覺醒回應邀請呢？有太多太多可以「處在當下」的東西，在每個片刻都是那麼豐富的呈現在我們面前，你可以在存在現在中穿越森林，你可以在存在現在中穿越花園，你可以擁抱無垠寬廣的藍天，你可以和海洋同處在當下，你也可以在洗碗時或從車庫走進廚房時處在當下。

眞理是永不妥協的

真理是堅定的，他不迎合你的偏好，他不遷就你的欲求；你要嘛就實實在在的接受這刻，要不然就離開這刻去追尋更多！上帝除了這刻沒有別的可以給你，我執卻能用盡一切方法誘惑吸引你。

柔和的提醒自己記得

我之前說過活在當下的訣竅就是：柔和的提醒自己，記得與已經在這裡的一切存在同處在當下，我所說的「記得」是什麼意思呢？

我們總認為記得（remember）是頭腦的功能，就是把我們帶回去過去發生的事件中，這是由於這個英文字被誤用了，要了解我真正的意思，你必須先了解分裂（dis-member）這個字，分裂這個字的意思是將一個完整體切割瓜分、肢解成許多單一部分，而記得（re-member）是整合的意思，是一個倒轉的過程，將那許多單一部分重新組合起來變回完整體。

所有你能在當下這刻看到、聽到、感覺到、嚐到、碰觸到的是一部分，而「你」就是另外的那一部分，當你記得活在當下與實際真實的存在同處在一起，那單一的部分就被帶到一起合起來，而恢復完整。

你可以閉著眼睛處在當下

閉上眼睛，你可以與你身體的呼吸同處在當下，可以和每個片刻的聲音同處在當下，可以和空氣碰觸在臉上的感覺及背部靠著椅子的感覺同處在當下，你也可以和你身體實質的內在感受如皮膚的刺痛或癢癢同處在當下。

你可以和在當下升起的感受同處在當下，只要你不掉入或介入那感受所編造出來的故事中，因為一旦掉入或介入，你就會立即被帶離當下這刻。

你可以和升起浮現的想法同處在當下，只要你不掉入或介入那想法的內容中，你可以和內在的和平同處在當下，你也可以和那膨脹擴大的感受同處在當下。

總而言之，無論你和什麼同處在當下都可以，只要是實際存在這刻的就可以。

謙卑的門把

一個謙卑的門把帶你進入當下的力量，比世界上所有靈修的指導書還要強大，只因為你可以和它同處在當下，它不會將你帶入頭腦的世界裡，給你一大堆靈修的概念和練習，它直接的邀請你進入當下這刻，而你唯一能回應它的時候是「現在」。

菩提樹下

有一個男人坐在一棵漂亮的菩提樹下，他花費好幾個月的時間研讀偉大的靈修創作。

有一天，菩提樹開口對他說話。

樹問他：「你為什麼要閱讀有關耶穌基督、佛陀與克里希那的書呢？」

「我握有使你解脫的鑰匙！而這些書只能給你知識，卻不能使你覺醒呀！」

這個男人十分震驚，嚇了一大跳。

「我不懂。」這個男人摻雜著興奮、恐懼的回答。

「這些書裡的話會把你帶入你的頭腦內。」樹解釋給他聽，「他們會強化你思想的過程，然後你就會離開當下這刻，和生命真理愈來愈遠，你會使你自己愈來愈陷入分離的世界裡。」

「請繼續說。」這個男人說，看起來有點茫然、無法了解。

「如果你可以選擇完全的與我同處在當下，」樹說，「那麼想法會停下來，過去和未來會消失，你會覺醒進入同一體和生命的真理，你會看到我是上帝化身成樹的形體，所有你在這些書裡要尋找的一切都會顯露呈現給你，而你要做的只是完全的與我同處在當下。」

這個男人面露微笑。

「這正是這些書上所描述的，」他說，「很顯然我走在對的路上。」

然後他就低頭繼續讀他的書。

在花園中散步

到戶外去，開始漫步在花園裡，與一朵花同處在當下，然後是一棵樹，再來是其他的花朵，一次和一樣同處在當下，接著你就會感覺到整座花園與你同處在當下。

最重要的是你正直誠信真誠的去做，你和樹和花分享那存在現在的獻禮，而樹和花也與你分享那存在現在的獻禮，這是個十分神聖的經歷體驗。

如果你願意，你可以告訴樹和花他們是多麼的美麗，你可以對他們訴說你是多麼的愛和感謝他們，或者就保持沉默；當你在花園散步時，要十分的專注仔細觀照每一個完美的細節，完全的沒有想法的去做。

如果你在花園散步時，你確確實實完完全全處在當下，你會開始經歷體驗到上帝活在存在現在中的每一朵花、每一棵樹內。

用餐

閉上眼睛，開始覺知你身體的呼吸，聆聽周遭傳來的聲音，聞那食物的氣味。當你感覺你已處在當下，睜開你的眼睛看著餐盤、茶杯、餐具和餐桌上其他的東西，如果你與他人一起用餐，要十分緩慢、優雅、充滿愛心的傳遞食物和水。

讓整個空間充滿永恆與奧祕的感受意識。

以無限感恩的心，吃第一口，緩而優雅的用叉子自盤中取食慢慢放入口中，品嚐食物的滋味就好像從來沒吃過一樣，讓這成為你生命中的第一口，每一口的滋味都是那麼的美味，帶著意識的覺知慢慢的咀嚼，與咀嚼完全的同處在當下，與品嚐的感受意識和嗅覺的感受意識完全的同處在當下。

你會訝異就算是簡單的用餐經歷，也可以那麼的神聖。

有意識的在動

如果你真的處在當下，在你的聽中有意識的覺知；在你看中有意識的覺知，同樣的在你身體那微細的活動中也有意識的覺知，而大多數的人們都不是處在當下或意識覺知中。

太極拳真正的目的，是幫助你將意識覺知帶入你的身體和身體的移動中，不過你不需要練習十年的太極拳達成有意識的覺知。

所以下一次你抓頭或交叉雙腳時，只要完全的處在當下有意識的覺知你的動作，做時放慢你的動作是十分有幫助的，而當你完全的將意識覺知和存在現在帶入你的身體和身體的動作時，你會覺得你像那「佛陀」。

我在這兒用一則古老的故事提醒你。

佛陀和祂的徒弟坐在一起，這時有一隻蒼蠅嗡嗡的在祂的頭上飛繞，佛陀用手臂優雅的將蒼蠅揮走，過了五秒後，佛陀又再次以更加優雅的動作揮動手臂，但此刻並沒有蒼蠅在飛。

有一位徒弟注意到這個舉動。

「請問您，師父，」他問，「你第一次揮手時是因為有一隻蒼蠅，但是第二次時並沒有蒼蠅，是為了什麼呢？請您開示。」

佛陀寂靜了片刻，回答說道。

「我注意到我第一次未完全處在當下與意識覺知中，我只是去糾正罷了！」

如果你像佛陀在故事中示範的那樣，勤勉、堅定的處在當下與意識覺知中，你就會很快的覺醒，回到你那自然的佛性。不過，由於我們大多數的人都十分的懶惰和散漫，不覺得活在當下與意識覺知中是最重要的，以致於我們無法覺醒。

選擇

每一個片刻你都有一個選擇的機會，你選擇待在當下這刻活在生命的真理中呢？還是待在你那頭腦想法的幻象世界裡呢？使用柔和提醒自己記得的方式，你可以選擇處在當下。

你並不試圖去停止想法，也不試圖逃離頭腦，更不試圖使自己開悟，你只是做一個待在當下的選擇，這理由很簡單，因為當下這刻是生命存在的真理，而你有選擇的自由。

當你選擇當下這刻，你的頭腦就變得寂靜了，你就放鬆進入寂靜中，你就深入存在現在裡，享受所有上帝在這一刻所給與的一切，享受這一刻的完整和豐盈。

如果想法入侵時

如果想法入侵時，很簡單，只要承認接受想法升起的事實，允許想法的存在，但是不要介入陷入想法內，只要你把意識帶入想法內，想法就停止了。想法是依靠無意識的環境壯大成長的，在有意識的環境中，想法會消失在空無之中。

若是你以為停止想法唯一的方式就是停止去想的話，那其實是想法試圖去停止想法，這也是我執的詭計要你遠離存在現在。

每當想法升起，只要目擊看著你的頭腦是怎麼活動的，然後，很柔和地回到與現在存在這裡的一切同處一起，如果過了片刻或數分鐘，若想法再度入侵，就重複這個過程，承認接受升起的想法並柔和地掙脫開他，回到存在現在中。

當你深入存在現在中，你就會變得很容易的去目擊想法的升起，只要你保持客觀，沒有任何的評論看法或抗拒反對他的能量，你的我執就會漸漸的冷靜放鬆下來，停止想法。

想是必須的嗎？

如果你把每天真正需要或要想的時間加起來，你可能會發現總計不會超過二十分鐘，當然有時候你工作繁忙時會超過，或你有那大量需要精神力的工作時。不過如果你十分仔細地去注意，你會發現到大多數你所想的都是不需要的，只會造成你焦慮不安，並且把你陷在過去的記憶或未來的幻想世界裡。

每一天都有許多處在當下、不需要想法的機會。當你在洗碗的時候，你為什麼需要想？當你在淋浴的時候，你為什麼需要想？當你從車庫走入廚房時，你為什麼需要想？你知道怎麼從車庫走入廚房，你根本就不需要去想！

和自己對話

每當你想的時候，你實際上是在和你自己對話；但是是誰在說話？是誰在聽呢？這對話交談的目的重點是什麼呢？

這實在是一種精神瘋狂、極端愚蠢的狀態，但是因為大家都迷失在想法裡，反而變成是正常的。

如果你看到一個人在街上邊走邊大聲說話，你肯定認為那個人瘋了，不過當你在街上邊走邊想卻是正常的，其實這兩者之間沒有什麼不同，你跟你自己以沉默的方式在對話，而那個瘋子說出來這樣而已，但是你卻說你是在思考、那是不一樣的。

下一次，你若是注意到你在思考、在想的時候，而且不是有意識故意的去想，試著大聲的喊出你想的話，把整個內在的對話表面化，不要去批判評論他，不要去指責他，也不要去阻止他，只要專心的注意他；他十分具有娛樂性的，你將不再需要去聽收音機的廣播了，在你的頭腦內你有你自己的廣播節目。

目擊想法

當你充分的駐足在存在現在中，你可以目擊想法的升起，你不會試圖去停止想法，你知道任何阻止的嘗試都會強化想法的過程，把你帶入頭腦的更深層處；既不贊同也不抵抗那些想法，你只是看著他們，觀照著他們的本來面目，是什麼就是什麼。

想法靜坐

如果想法很頑強，致使你很難停留駐足當下，不要跟想法掙扎反抗，不要跟想法搏鬥，放鬆順著想法，保持合作夥伴的關係，坐下來做想法靜坐。

靜坐十五分鐘，有意識覺知的想，和每個想法同處在當下，大聲的把想法說出來，完成每個想法。

大多數的想法都不會堅持、持續超過三十秒，不過如果堅持的話，就放鬆並享受這靜坐。

你將十分訝異想法所帶你去的地方，而且會驚奇的發現他們把你遠遠的帶離當下這刻；你也會驚訝的發現，你的想法大多是無關重要、不切實際的，是毫無章法、任意隨便的。

停止想法的要訣就是完全的缺席離開、不與想法鬥爭，這樣就能很容易的回到存在現在中。

榮耀這刻

不管你是不是常常停留在當下這刻，就算一天只有五分鐘純然地處在存在現在中，也能轉變你的生命，所以最重要的是：你是否榮耀當下這刻為生命存在的真理，這與你是息息相關的；你必須自己去創造並找出榮耀當下這刻為生命存在真理的表現方式。

這就像愛的關係，你愈對當下這刻和所有當下這刻一切真實的存在，表現你的愛和感激之情的話，當下這刻就會愈開放給你。

當下這刻不是幻象

有很多靈修的傳統都以我們所居住的物質世界是幻象的為主要的學說，這實在是沒有什麼幫助！因為唯一能使你從頭腦解脱的方式，是任何與你實質的、真實的存在這裡這一刻的一切，如果全是幻象，那你如何活在當下呢？

這混淆不清會升起的原因是，因為在存在現在的最深層，形體會呈現消失狀，溶入光或純粹的能量中，而當這發生時，你穿越了一切進入了所有存在體的本質，你接觸了所有轉化的形體，你與純然的意識相逢，這意識是萬物升起的源頭，而這並不是意謂著形體是虛幻的，只是意謂形體進入深層的大門，在形體內轉化成「一」與「同」，溶入同一體。

另一種説法是上帝創造者與創造的本身，將你自己帶入當下與創造的本身同處在一起，這樣你就會認識創造者。

上帝的身體

所有存在的實體都是上帝的身體，當你將自己帶入與上帝的化身同處在當下時，你就會開始經歷體驗到上帝存在於一切形體內。

活在當下很簡單

活在當下完全的覺醒是很簡單的，是可以發生在瞬間的，不需要任何的練習，只要柔和地記起來，不過要每天、日復一日的停留在當下，以及在你的人際關係包圍下停留在當下的話，就不是那麼簡單容易的，大多數的人都只能十分短暫的停留在當下，然後就不由自主的被拉回頭腦的世界裡。

這就是為什麼需要覺醒的第二步舞曲，我稱這第二步為「用功去做」。

第三章

第二步

只處在當下是不夠的，
你必須成為熟練精通的引導者。

第二步～熟練精通的引導者

第一步是引你進入存在現在，第二步是引你成為你自己熟練精通的引導者。

如果你老是不由自主被拉回頭腦那過去和未來的世界內，你根本就自由不了，你就沒有覺醒，你必須使自己成為熟練精通的引導者，你必須成為你那我執與頭腦的主人。

第二步的內容包括了，將所有會把你拉離存在現在的一切因素，帶進意識覺知中。

是什麼樣的鉤子把你鉤入頭腦的世界裡？是什麼阻止你從根本上永久地駐足於存在現在呢？直到這些問題得到解答前，你自然只能夠偶爾的覺醒片刻，不是嗎？

為了說得更詳盡清楚，我將第二步分成四個部分來說，這四個部分就是為什麼你會經常被拉離存在現在，進入頭腦世界裡最主要的原因，第一個部分是我執的抗拒；第二個部分是否認你變成了什麼樣的人；第三個部分是過去壓抑的情感情緒；第四個部分是與他人糾纏不清。

我執的抗拒～完全覺醒的第一個障礙

在你的日常生活裡，之所以會那麼困難地從根本上停留在當下，必定和我執本身有關係。

我先前說道，我執有兩個空間層面，當你迷失在頭腦裡和當下這刻脫離接觸，你就是以我執在這個世界運作。

而另外一個空間層面的我執，他扮演的角色是管理與控制你在時間世界裡的生活，他是分離的監督者。

所以如果你要覺醒，你必須把以我執運作而迷失在頭腦世界的你，全部都帶到意識覺知中，同時也必須把在分離世界裡監督的我執用來控制拘留你的一切方法，全部都帶到意識覺知中。

我執對人類生活的支配控制，以及對存在現在的抗拒是造成人類迷失在那危險的幻象世界的主因，如果你碰巧發現了真正覺醒的方式就是透過當下這刻的門，我執就會強烈的反抗，他害怕他所不知道的，而偏偏他永遠也不能知道當下這刻的存在，我執永遠不能處在當下，他不願意被拋棄在那永恆的黑暗中，尤其是當你完全駐足於當下覺醒，進入生命的真理時。

我執擁有十分高明的技巧引誘和欺騙你，他有一大袋的詭計，常常用此來吸引煽惑你遠離存在現在、進入頭腦的世界。

我執的形成

當你出生在這物質世界時，你是完全的處在當下，即便你只是一個小嬰兒，不過呢你來到了一個大多數的人包括你的父母在內，都是在頭腦那受局限的世界裡生活運作，那是個廣闊的無意識世界，他們完全的不處在當下。

結果造成，你一遍又一遍的受到傷害，你那需要被幫助放鬆與安全感不能被滿足，你就變得很生氣，試著去得到你想要的，但卻不被允許。

實在是太過分了，你無法承受，這時我執就介入你的存在保護你，讓你不用去感覺這些苦，我執是你的守護者，也是監督者，看著你內在的經歷體驗，同時也支配控制你和外在世界的關係。

我執在你生命中的第一個角色，就是將你所有的痛苦，那不愉快、不安全感，如需求、傷害、生氣等感受壓抑下來，而我執的意圖就是把你那沒有價值、孤獨感的抗拒的經歷體驗壓縮到最小，為達此目的，他從你那沒有人處在當下的無意識世界裡拷貝複製發展策略。

這個過程持續地進行，過去就在你的內在不斷的累積，而你就慢慢、慢慢地被吸收進入頭腦的世界，跟你的父母在許多年以前的遭遇一樣。

我執在你的生命中剛開始只是你的守護者，不過為了要達成任務，他必須控制你生命的每一個方面，我執只能用他已經知道的控制你，而他所知道的一切都是根據過去的記憶或未來的幻想，我執唯一不知道的是，不知道「現在」，就是「當下這刻」，所以他抗拒向存在現在推進。

我執為了做好身為你守護者的角色，他必須把你拘押留在分離的世界裡，如果你決定要活在當下，他是不會允許你留在那兒的。

在你長大成人後，我執也會變得強壯老練，造成真實的你與我執之間的模糊不清難以辨別，這樣過了一段時間後，我執會想他就是你，而從守護保護你的角色一躍換為守護保護我執自己的遊戲，就從你的生命中開始了。我執變得十分執著於權力和控制，對權力和控制的癮，讓他變得非常不願意放下交出控制權。

由於我執已變得那麼愛支配統治人類的生命，導致他成為人類覺醒最主要的障礙。

一袋子的詭計

我執把你囚禁在頭腦那過去和未來的世界裡，所用的技巧是非常非常高明的，他有一袋子的詭計，用來鼓勵你、欺騙你、引誘你進入他那分離的世界裡。

他用責備埋怨、怨恨、內疚、罪惡感、遺憾、自責懊悔的能量，使你陷在過去無法自拔，再加上你認同這些能量或相信他們創造出的故事時，你就會發現，你已被牢牢關在過去的創痛中，而這就是我執想要的，因為只有這樣他才能持續地控制著你的生命和人生。

不過我執的世界也是未來的幻想，他有一個非常簡單卻很聰明的技倆，這技倆幾乎成功的奴役了所有的人類，就是「一個永遠不會到來的未來」，你能猜出那是什麼嗎？就是「在未來滿足達成的承諾」，這是他用我們內在的欲求和希望創造出來的幻想，目的是使我們專注於未來，忘卻遠離當下這刻。

我們全都像小孩子一樣掉入他的詭計中，所以直到我們看穿這簡單的騙術，並真正的覺知到只有當下這刻能夠滿足我們之前，我們是永遠無法覺醒的。

在未來開悟

我執也會用在未來會開悟的承諾欺騙我們。舉例來說，如果你跟隨某種靈性上的練習，研讀靈性的書籍或拜訪靈性的導師，那你最後就會覺醒開悟等等，這些都是謊言的承諾。你唯一能覺醒的時間是「現在」，好消息是當下這刻持續不斷地向你呈現他自己，永遠不會放棄你，永遠將處在當下這刻的機會帶給你。

注意我執

如果你想要從頭腦的專制和束縛中逃脫，那你要變得十分警覺、注意你的我執在做些什麼，對我執不要有任何的反抗，只要看著他所創造出來的一切，你是無法阻止制止他的，你所能做的就只有注意他，冷靜地看穿他的詭計，而這也是我執所想要的，他會不斷地去考驗你，直到你變得十分熟練精通，而他無法再耍你、欺騙你或愚弄你，我執是非常微細的，他需要知道你看穿了他。

除非你對處於存在現在中的立場十分堅定穩固，否則要看穿注意覺知到我執是不可能的，充其量，也只是我執自己觀察自己，就像一隻狗追著自己的尾巴那樣，你是不會覺醒的。

存在現在的覺醒和我執之間的差別

了解存在現在的覺醒和我執之間的差別是十分必要的，對存在現在有一個簡單的檢驗法，那就是如果你真正的處在當下，你的頭腦是寂靜的，沒有想法，而這個檢驗法是沒得商量、不容妥協的，除此之外一切都是我執。

如果有任何的想法升起，就是我執介入的線索，這時如果你觀察你自己就是我執在觀察，又如果你認同靈性的過程就是我執的認同，這依舊屬於二分性，即包含觀察者和被觀察者。

在存在現在中，你是同一體的，已超越了二分性，你是寂靜的，只有從存在現在的寂靜中你方能目擊我執；也只有從存在現在的寂靜中，你能和我執用愛、接受、憐憫保持關係；只有在存在現在的寂靜中，你能完完全全徹徹底底的沒有批判看法，如果我執察覺偵測到你有絲毫的批判看法，他就不會放過你。

我執不會輕易的釋放你

我執存在於想法的框架構造內，他的存在和功能是基於過去，你所有過去未能滿足的需求與創痛，成為我執明正言順的扮演那保護與控制你的主角。

如果你變得活在當下，過去的一切包括了所有未滿足的需求與創痛全消失了，那麼這時，我執在你的生命中該扮演什麼角色呢？又如果你覺醒，我執為證明過去是正當而存在的理由就不見了，他的權力地位受到了威脅，所以他抗拒存在現在，他不允許他自己毫無目的地歸還、交出他的權力地位。

另外，還有一個令我執害怕當下這刻的理由。

當你愈來愈投入當下，你會變得愈來愈具體實在，你會開始面臨所有你過去壓抑儲存在體內的情感情緒。

不過這些否定一切的壓抑，是我執這麼多年以來非常努力才完成的，我執的角色自你兒童時期就開始了，他把你所有創痛的感受全壓下來，持續用他生存的策略直到你死的那一刻。

我執不會那麼簡單就放棄他所扮演的角色。

會讓我執更加恐懼害怕的就是，如果你完全地處在當下，想法停了；我執是存在那想法的框架內，他的世界是過去和未來頭腦的思想世界，所以如果想法停止了，我執他會有消失了的感覺。

從你那宏觀的整體上來說，進入當下這刻就是進入生命，而從我執這方面來說，他覺得他好像死去了，他覺得他離開了存在，而這是真的，至少是在你完全處在當下的那些片刻、分鐘、小時或日的時候。

所以我執會抗拒你向存在現在推進，因為他是不會允許他自己被踢出存在的，他是不會允許他自己死去的。

你無法打敗我執

只要我執相信你的覺醒是他的死亡，他就不會釋放你，而且只要你對我執有絲毫的批判看法或試著去消滅他，把他自你的生命中消除掉，他就會抗拒存在現在。

有很多靈修的教理，都暗示當你覺醒或開悟時，我執會被消滅掉，也就是暗示開悟會導致我執死亡，這實在是毫無幫助，要打敗我執根本不可能，在人類的歷史中從來就沒有人能戰勝我執，佛陀不能！基督也不能！沒有任何人能！

與我執之間的正確關係

我執仰賴抗拒和批判看法茁壯成長，他依靠拒絕和反對來繁榮，唯一能讓我執放鬆與臣服投降的是愛、接受，所以你唯一能做的是用無條件的愛和接受我執他那所有的遊戲花招、操縱玩弄、詭計策略和干擾。

你必須把我執對存在現存的抗拒，及他誘惑你進入頭腦世界所用的一切手段方法，全都帶到意識覺知中，而且必須用愛、接受、憐憫之心去做。而這唯有當你處在當下時才有可能發生。

當你以我執迷失在頭腦的世界裡運作，你不斷尋找愛和接受，不過你是向外尋找，你向別人索求，你找錯了方向，你是不可能從別人那裡找到你所要的。

唯一能收到無條件的愛和接受是往內。唯一能真正完全治療滿足你的是你和我執的內在關係，而這關係是當你完全處在當下時，在時間洪流內的存在和存在現在中顯現出來的，在這內在的關係裡，批判看法是完完全全的不存在的，原因很簡單，因為在存在現在的覺醒中沒有批判看法。

做為一個覺醒的人類存在體，完全靠你把愛、接受、憐憫的能量帶給你的我執，而當我執放下不再抗拒時，你會發現留在當下是很容易的事，直到有一天到達了你生命中的轉捩點，這時想法完全地停止了，而你的頭腦寂靜的時間延長了。

我執是不能覺醒的

你的我執愈試著去開悟，你就愈受苦，因為我執企圖去完成那不可能的任務。這幾乎是每一個走在靈修路上的人最常犯的錯誤，我執十分努力的嘗試去覺醒。他每天打坐，吸收學習各種靈性上的練習，行各種宗教的儀式，點蠟燭、參加禪座靜修，研讀各種靈性書籍經典，並和不同的靈性導師在一起，而就算是我執如此努力的試圖去開悟，這個悟是永遠不會發生的。

我執永遠不能處在當下，他永遠不能覺醒於生命的真理中，我執的世界是頭腦的世界，這個世界是存在過去和對未來投射中，他的存在依賴想法，我執對覺醒的努力只會把你愈來愈帶入未來，愈來愈遠離當下這刻。

不過如果你的我執可以看穿他自己的窘境而放鬆下來的話，他就會釋放你，讓你離開頭腦、進入存在現在中。我執必須停止試圖去變開悟，他所有的努力必須中止停下來，所有的試圖也必須停，這樣你就能柔和放鬆的進入當下這刻。「現在」你在這裡！你醒了，至少是在那些你完全處在當下的片刻，就是這麼簡單。

否認你變成了什麼樣的人～完全覺醒的第二個障礙

否認在這長期的分離與時間之旅程所變成的你，是讓你很難在每天的生活中留在當下，維持和諧人際關係的第二個原因。

由於你對演變而來的你的否認不斷地加深擴大，你自然而然地就會否認真正真實的你，也是因為你否認變成了什麼樣的你的擴大，使你不能安頓立足於存在現在中。

做為在存在現在中覺醒生活在這地球上的你，你是寂靜的，處在當下的，愛的、接受的、允許的，你是憐憫的，你沒有絲毫的恐懼和批判看法，你是自由的，不受過去的創痛及其狹隘局限住，你對未來毫不焦慮，你是和平、靜止、冷靜的。你是明白清晰和堅強的，你的力量來自內在，你負責任並自動自發，你充滿感恩且慷慨，你在豐盈富裕的世界裡穩定持續覺醒的活著。你存在同一體中，你感受到上帝無所不在的存在現在中的一切。

你輕巧的在地球上行走，而你的生命生活是完整與優美的典範。

所以當你陷在頭腦的世界裡，以我執在地球上運作時，你就變得不是我剛才形容敘述覺醒於存在現在中的狀態了。

那麼你到底變成誰了？我們都變成誰了？

我們貧乏、貪婪、恐懼、控制、玩弄操縱、嫉妒、憤恨、生氣和埋怨；我們滿是期待，而每當我們的期待落空時，我們就感到十分憤恨；我們充滿對我們自己與他人的批判看法；我們和過去的記憶糾纏不清，而且迷失在幻想的未來中；我們渴望成功，害怕失敗；我們無可救藥的迷失在彼此之中；我們完全拋棄該負的責任義務，而且很明顯的掉在譴責與自責中；我們在這二分性的世界裡，從根本上失去了平衡。

我們害怕死亡；我們害怕失去；我們害怕未知；我們緊抓著每一個人、每一樣東西不放；甚而有之我們依戀我們的痛苦經歷；我們感受不到被愛、不被人接受；我們拒絕去感受我們壓抑的痛苦；所以我們把痛苦強加到別人的身上，用這種方式來避免去感覺我們自己的痛苦；我們迷失在幻象的世界裡；卻堅持相信這世界是真的；我們利用，我們被利用；我們剝削凌虐。

朝向你那「真我」的門就是那演變而來的你，覺醒最重要的關鍵之鑰就是要去擁有、接受、承認你那在我執頭腦層面裡變成的你，你不可以跳過，你不可以隱藏，也不可以繞過去，更不可以去修理他、改變他。

你所能做的就是朝鏡子看進去，生命就是一面鏡子，不斷把演變而來的你反射出來，而你的人際關係經常就是，那變成的你的反射。

不過必須是你願意去看，如果你真的朝鏡子裡看進去，你會看到什麼呢？

你是個受害者？還是個抱怨者？是否很生氣？是否有罪惡感？是否充滿了恐懼害怕

呢？

你是不是花費了一生的精力去取悅他人，因而忘記了你是誰和你想要的是什麼呢？你是否揹負著過去那未治療的情感情緒傷口，把他們投射到現在這刻呢？

你對你自己、對他人、對生命有著什麼樣局限狹隘的信念呢？這些局限狹隘的信念就是影響你變成今日的你的主要因素。

在你的人際關係裡，你是個什麼樣的人？你是個控制者嗎？一個玩弄操縱他人的人嗎？你誠實嗎？你是個關懷和扶持的人嗎？你知道如何去表達愛嗎？你利用他人嗎？你虐待他人嗎？你是否充滿了批判看法？你是否充滿了期待和憤恨？你是個披著成人外衣的小孩嗎？你是否把你的人際關係投射到你的母親或父親，或者是投射到你的太太或先生的身上？又如果一切未能如你所願時，你會怎麼樣呢？

你允許你自己去感覺你的感受嗎？你是否以負責的心去表達你的感受？你是如何的否認你的感受呢？你是願意承擔升自你內在感受的責任，還是去遷怒責備他人，要別人負責呢？

如果你要從頭腦的世界裡解脫出來的話，你就必須不帶有絲毫的批判看法，去面對擁有、承認、坦白那變成今日的你的每一個層面。

這一切並不困難，只要你放下一切毫無抵抗、誠實可靠就行了。例如貪念升起，就確認他、擁有他、坦白他，向沒有批判看法的人告白，如果找不到告白的對象，那麼向上帝告白，上帝祂存在你那寂靜的核心中。

「上帝啊！我剛注意到貪婪的能量自我的內在升起，哇！我真是貪婪！我向上帝祢坦白。上帝！我不會抗拒他，也不會有批判看法，我只是承認他，不過現在我選擇和這貪婪的能量脫離，回到存在現在中，我不會允許這貪婪的能量引我深入黑暗和分離中。上帝！現在的我比較清醒了，我比較真實處在當下，所以從存在現在這個層面來看，我可以很輕易的就看見，那在頭腦和我執層面裡的我變成了什麼樣子了。」

對變成今日的你的每一個方面，你都可以如法炮製；要看到！你對自己或他人的批判看法；要看到！你用來控制自己或他人所使用的各種方法手段；要看到！你為什麼需要別人肯定你，說你是對的；要看到！你是如何變成受害者的。

不管是你的哪一個方面，要擁有他、表達他、坦白他，然後脫離他，回到存在現在中。

你所變成那個今日的你，並不是真實的你，而且除非你願意去擁有、接受、表達和坦白那個你，不然你是不能覺醒進入真實的你！

如果你要成功的駐足於存在現在中，那麼你就要經過這扇非常具有趣味性及挑戰性的門。

壓抑的情感情緒～完全覺醒的第三個障礙

你若擁有那些來自過去壓抑在你的內在且範圍深廣的情感情緒，那你是不能駐足於當下的。

壓抑的感受是經常會被啓動引發反應的，當他們被啓動，你就立刻被拉出當下這刻進入過去的經歷體驗中，然後你再將過去的經歷體驗投射到當下這刻，這時你已經不再活在生命的真理中，你在往後退，而你卻一點都沒有覺知意識到。

就算是情感情緒沒有被啓動干擾，他們也會滲透出來，扭曲你人生的經歷體驗。

這些感受的壓抑過程是從你很小的時候就開始了。在你小的時候，你需要你的父母與你密切的同處在當下，但是這個需要未能得到滿足，由於你十分敏感，你覺得自己很孤獨被隔離了，因為你所需要那來自父母無條件的愛和接受，大部分都沒有得到。

由於你沒有得到你的需求，你覺得你一次又一次的受到傷害，為了對這些傷害的感受，做出回應，你很快的發現到這些需要、傷害、生氣的感受，不是多到無法承受，就是不被允許存在，因此在我執的協助下，你開始了把這些感受壓抑在內在的過程。

而這些壓抑的感受，就逐漸的累積匯集儲存在身體內，成了情感情緒的蓄水庫。

被壓抑的情感情緒的匯集

你的內在匯集儲存著壓抑的情感情緒，那兒匯集了寂寞和孤獨、未滿足的需求、傷害、哀傷、痛苦，和壓抑的怒氣等等。

這些感受經由你日常的生活向外洩露，他們扭曲了你對自己的觀感，他們侵害你與他人的人際關係，有時他們會被戲劇性地啓動引發，就如水庫決堤洩洪一般，你會被感受的洪水淹沒，而這些跟當下這刻是絕對沒有關係的，有些人經常被過去的情感情緒淹沒而生活在完全不必要的悲傷痛苦中。

如果你覺得寂寞，就是需要一個同伴的訊號，這就是寂寞唯一的意思，他沒有別的意思，他沒有叫你去找個人結婚的意思，做為一個覺醒且負責任的成年人存在體，你的回應很簡單，就是打個電話約個朋友碰個面、吃頓午飯，如此而已，這只是丁點大寂寞的感受在邀請一個成年人適當的回應而已。

不過這丁點大的寂寞感若是被啓動引發，就會打開釋放你內在那匯集了寂寞與孤獨的水庫閘門，致使你孩提時的感受如排山倒海般將你突然的淹沒，與其邀約朋友你卻退縮了，在那無意識的層面裡你被説服了，你確信沒有人愛你，沒有人需要你，你覺得自己是個失敗者，你感到羞愧，所以你就躲了起來，希望沒有人會看到你這個樣子。

受傷害和生氣的感受也是一樣的道理，受傷害的感受是源於你得不到你想要的，或你得到不是你要的；生氣的感受源於相同的原因，照理説你應該回應這些感受，用愛和冷靜要求你想要的，並明白的表達什麼是你不想要的。

可是如果這些感受是來自過去的傷害或生氣的洪水，你就無法做出適當的回應，你不再是一個處在當下，強大有力、負責任的成年人，而是一個受傷的小孩，反應孩提時的你，你變得不是萎縮就是生悶氣，要不就變得很生氣、不講理，充滿了埋怨責怪與怨恨。

你必須把匯集在水庫所有壓抑的情感情緒倒空，這樣你才能夠在日常生活與人際關係裡深入存在現在，且一直停留在當下。

洩盡匯集的水庫

如果你要覺醒並變得永久安頓在存在現在中，你必須徹底轉變壓抑的過程，逆向而行。你必須允許所有在你內在壓抑的情感情緒進入意識呈現出來，並負起表達的責任。

這實行起來並不困難，也要不了多久，一旦你學會了完全處在當下的藝術，以及你和你的感受之間的正確關係。

在接下來的幾天，每天早上醒來下床前或晚上睡覺上床前，說以下祈禱詞：

「摯愛的上帝，我唯一要的是深入存在現在、愛、真理和同一體，如果我的內在有任何壓抑的情感情緒，是造成我深入存在現在、愛、真理和同一體的障礙，懇請祢精心策動安排我的生活，將這些障礙啓動引發，使他們都能升起呈現出來進入意識的覺知中與責任的表達中，完成治療，整合與釋放。」

當情感情緒升起時，重要的是你千萬不要試圖去除掉這些感受，你所要做的就只是邀請他們升起呈現出來，並且真實真正的把他們表達出來。

這些感受常會和過去的故事一起浮現出來，允許這些故事顯現，但是不要去相信這些故事。

這就好比你一個人同時扮演兩個角色。

一個是貪婪、悲傷、痛苦、生氣或埋怨的你，而你完整真實的把他們一個個表達出來，宣洩得淋漓盡致；另一個則是在感受升起時完全處在當下的你，這個你目擊看著整個事件自你的內在顯現出來，而你知道那與當下這刻是完全無關的，你知道那只是過去為了圓滿結束而顯露出來的，如果說有什麼的話，就是整個經歷的過程，只是為了娛樂消遣你罷了！

這不是心理、物理的治療療法，你並沒有試圖去修理什麼或除掉什麼，你只是去修正在孩提時所做壓抑難以承受的感受的決定，你只是恢復這些感受應有的存在權和表達權。做為一個覺醒的存在體，你會以負責的態度去做，這種負責方式所表達的生氣會導致你發笑，如果悲傷浮現，那就哭吧！很快的他就會經過，而被喜悅所取代。

在這刻升起的感受是你的朋友

大約需要三至十二個月的時間，你就可以把你內在匯集壓抑的情感情緒蓄水庫，完全清理倒空，然後你就能夠與這刻升起的感受進入全新的關係，並且跟過去一點關係都沒有。

在這刻升起的感受是你的朋友，他們是送信的人，他們告訴你不管什麼發生在這刻，你該如何適當的回應。

如果你覺得餓了，就吃！渴了，就喝！感到寂寞，打電話給朋友！如果與朋友外出而你覺得受不了就離開，找個清靜的地方！一點都不複雜。你的感受是線索、提示和信號、訊息，告訴你該如何去回應一個片刻接著一個片刻。

所以去回應，不要去反應反抗，這是很簡單就能做到的，只要你在當下這刻，沒有來自過去那壓抑的情感情緒的洪水扭曲你的經歷體驗。

與他人糾纏不清～完全覺醒的第四個障礙

覺醒的意思是「我是」，真我自過去和未來的束縛中解脫釋放出來進入當下這刻，也是「我是」真我自與他人糾纏不清的關係中脫離和釋放回歸自我，我要如何認識「我是」是誰，如果我和你糾纏不清？你又如認識「你是」是誰，如果你和我糾纏不清？我們必須把我們從彼此的糾纏中解放自由，如果我們要覺醒的話。

我說與他人糾纏不清是什麼意思呢？

如果我想要你愛我或接受我，那我就跟你纏上了；又如果我想要你認可或同意我，那我就與你纏上了；還有我試圖取悅你，贏得你的接受；我害怕你的批判看法或不贊同，我害怕被你拒絕排斥；我操縱玩弄你或控制你；我把責任推給你；我對你有成見，批判你、責備你或怨恨你等等，全是與你糾纏在一起。

真相就是我們無可救藥的與他人糾纏不清，迷失在彼此中。

把你的力量給出去

如果某些人喜歡你，認可你，或接受你，你就覺得很好，你就覺得受到鼓舞，甚至覺得自己有價值；反之，如果他們不喜歡你，不認可你，不接受你，你就崩潰了，你覺得自己沒有價值，而這樣你就把你所有的力量給了出去，你變得無可救藥的與他人糾纏不清。

把你自己從與他人的糾纏中釋放出來

你要把你自己從與他人的糾纏中釋放出來的話，你就必須把你自己如何迷失在他人之中的各個方面，全都帶到意識覺知的層面。

每一次當你注意到，你在尋找愛、接受或他人的認同時，你就擁有、承認、坦白告解你把你的力量給了出去，又當你注意到你試圖去取悅他人、贏取他人的接受時，你就擁有、承認、坦白告解這個事實，而且不帶有任何的批判看法的去做。

用遊戲、負責的心去發洩表達生氣憤怒，是取回你力量的強大解脫之力。

安琪拉和取悅男人

在馬林（Marin）一個星期四晚上，我剛說完有關覺醒與必須忠實反映自己的演說時，我注意到有人在哭泣，是一位四十初頭名為安琪拉的迷人女士。

「讓眼淚流出來吧。」我說，「不要緊的，就讓那感受自然的流露出來。」

透過她的淚光，她看著我。

「為何流淚呢？」我問她。

「我的父親。」她回答。

「跟你父親有什麼關係？」

「我花了許多年的功夫去取悅他，可是他好殘酷。」

「你的努力成功過嗎？你已經停止取悅他了嗎？」

「沒有。」她回答，明顯的帶著絕望。

她的結果立刻就見分明，當她試圖去取悅她的父親，爭取她父親的認可時，她已經學到把她的力量給了出去，而這是最主要失去自己，使自己變得十分無奈無力的方式，這種糾纏的模式一旦形成，是很難消失的。

「如果你的父親在這裡，而你經過這麼多年的努力嘗試去取悅他又都沒有成功，你會對他說什麼呢？」我問她。

「我已經試著取悅過你了，不過我不能再這樣做了，我不能。」她答辯說道，聲音十足就是個受害者。

「如果你想解脫，這就不是你該說的話。」我告訴她。

「我試過了！我很努力的試過了！」她邊說邊努力去搜索適當的用語。再一次，她的舌頭十分無助的辯護者。

「不是這樣說！」我直接的告訴她。

她逐漸地明白，她這一生一直都是這樣在對待男人。

「我結婚二十年，不管我多麼努力，我就是沒有辦法取悅我的先生，而我最近的一次交往，也因為對方的離去而告終。」

「你是否也是試圖去取悅他呢？」我問。

「是的。」她流著淚回答。

她開始轉為抽噎啜泣，她深痛的覺得不管她如何去取悅生命中的男人，仍然得不到他們的認可。

我仍堅持我的問題。

「經過這麼多年試圖去取悅一個男人，卻仍無法贏得他的認可，這時你會對他說什麼？你會對他說什麼？」

「我愛你，不過這沒有用！就是沒有用！」她啜泣的說。

「不對！不是這樣說。」我盡可能憐憫，乾澀的回答她。

「我努力的試過。」

「不對！不是這樣說。」

我看看在場的聽眾。「我不知道這是不是值得耗費一至兩小時的時間，直到她找到答案。」我打趣的說。

每個人都笑了，包括安琪拉，當笑聲漸停，在沒有我的敦促激勵下，她又再次試著去做，她這次是下定決心了。

「我不能取悅。」她十分堅定的說。

「不對！不是！」

她再試一次，並試著找比較有力的用語。

「我不知道如何取悅你。」她試探性的說。

這時在聽眾中響起聲音，他們迫不及待想介入對她提出建議。

「也不對！」我說，「我再給你兩分鐘回答出來，然後結束這個問題，如果你答不出來，我大概會給你二十五年的時間去找出答案，然後你就繼續在取悅男人的兩性關係中生活，而無法成功。」

「不，我一定會有答案！」她抗議的說。

「我再問你這個問題一次，你會對不管你多麼努力去做也無法取悅的人說的話是什麼？你要說的話是為了要奪回你的力量！」

「你不可能被取悅！」她說，並看著我帶著一點期望，希望這是正確的答案。

聽眾內爆發出大笑聲。

「不是！」我堅定的回答她。

她再試。

「我不能取悅你，我不知如何取悅你，我不再取悅你。」

「真可悲！」

她完全的迷失了，沒有一點頭緒，我望向聽眾。

「OK了，我該給她一點提示嗎？」我問他們。

回響很大。「是的！」我回看安琪拉。

「OK！我給你個提示！」

她十分熱切期待的望著我，或許是因為這提示能使她從失去功能的兒童時期的模式，所投射到所有她與男人的兩性關係中解脫出來吧，我停頓了一會，加強效力然後再把提示給她。

「兩個字！」我說。

她的眼睛發光，她終於知道該說什麼了。

「滾——蛋！（Fuck you!）」她說。

她說了這兩個簡單的字「簡潔有力」，就像一針見血把她的父親、前夫、近期的男友全部都三振出局。

「這就對了！」我說，並恭喜她。

她受到全體聽眾起立熱烈的鼓掌歡呼，她整個人鬆了一口氣，完全的放鬆了下來。

「在你回座前給你一個最後的引導，」我告訴她，「由於你尋求他人對你的認可，你把你的力量給了出去，你必須把你的力量拿回來，你必須收回你自己。

生氣怒火可以使你解脫，這兩個字可以使你解脫，上帝給我們這兩個字，就是讓我們可以真正的去發洩表達我們的怒氣，否則怒氣會積壓在內在，使你失去選擇與行動的力量。

你必須學會以遊戲、負責的方式去宣洩表達的藝術，所以對每一個你看到的男人，不管是你走在馬路上或在超級市場看到的男人，都練習默默的對他們說這兩個字，不要管你是否認識他們，只要不斷的咒罵他們直到你滿意為止，好嗎？」

聽眾們再次爆發笑聲和掌聲。

收回你的力量

要使自己脫離他人而自由，你必須接受採取下面的聲明：

「我是為我在這裡，不是為你！」

剛開始，這或許看起來是自私的，不過這是你解脫你自己的過程中一個必要的步驟。你必須取回你的力量，和獨立存在自主的批判看法、意見、需求和對他人期待的權力。

如果你能充滿喜悅、完全採納上述聲明，這聲明會引領你深入真理，這項聲明「我是為我在這裡，不是為你！」會引導你至下一個聲明：「我只是在這裡。」

這才是真正的解脫。

自由的代價是允許自由

如果我想要從與你的糾纏中得到自由，我必須允許你完全的自由，這意思是你可以自由的同意我或不同意我；你可以自由的喜歡我或不喜歡我；你可以自由的愛我或恨我；你可以自由的接受我或拒絕我。

你就是你，在與我的各方面關係，你都可以依你的喜好自由的決定。事實上，如果你愛我或恨我，這都是關於你自己的聲明，不是我的。

如果你批判我對我有看法，我允許你，因那是你的自由；跟我一點關係都沒有；那批判看法的能量來自你的內在，你是他的同居人，如果你去批判，就表示你仍然感受到批判，如果我真有什麼，就是我十分的憐憫你，因為你依舊被批判看法的能量牢牢的抓住。

如果我想要自由，我就不可以用我的期待、恐懼或欲求去侵犯你，我不可以在任何方面去控制、操縱玩弄你，我更不能對你有任何的批判看法。

若要更進一步地脫離我與他人糾纏的關係，我就必須把我認定對你負的責任，或你對我負起責任的一切想法看法，全都帶到意識的覺知中，我們許多人都迷失在拋棄責任中；當我擁有、承認和坦白所有與他人糾纏失去運作功能的模式後，這些失去功能的運作模式就會逐漸消失。

所有外來的一切都是自由的，不再彼此糾纏不清了；我們進入更深層的愛和交融。

有句俚語說的好：「我們分開來，是為了能認識了解我們是同一體。」

覺醒旅程的概述

要覺醒，你必須要每天多次選擇留在當下，你必須榮耀當下這刻是生命的真理，你必須知道這刻之外的一切都是幻象，是經由想法、記憶、想像力創造出來的。

你可以在幻象的世界裡玩耍，但要小心不要迷失在那裡。

當你完全的存在現在，你是一個覺醒的存在體，至少是在你存在現在的那些片刻裡，存在現在、活在當下是立刻瞬間發生的，只要與在這裡的一切存在同處在一起就是了，沒有練習，也沒有過程，你若不是活在當下這刻、存在現在，你就是不在。不過，要能夠變得在你日常日復一日的生活中和人際關係中，完全駐足於存在現在中，你必須經歷過一個過程。

如果你要永遠自頭腦的監獄裡脫離、得到自由；自我執的束縛專制中脫離得到自由；你就必須成為我執與頭腦的主人，一個熟練精通的引導者；這意思是說你必須把所有會將你拉離存在現在的各個方面，全都帶到意識覺知中面對。

將我執每個微細的行動都帶入意識覺知中；確認我執創造出來迷惑你、誘惑你、玩弄你、把你囚禁在頭腦世界裡所使用的手段策略。

又把歷經生生世世時間之旅與分離過程演變而來的你的各個方面，用愛、接受和憐憫帶到意識覺知中。

釋放壓抑在你內在的情感情緒，允許他們進入意識中，並負責確切的表達；脫離與他人的糾纏；將對你與對他人的批判看法轉化超越。

沒有任何東西可以留在你那黑暗的無意識心智中，你必須移走你覺醒旅程上的每個障礙石，這才是真正的覺醒！你完全的處在現在當下這刻，而且你是你自己頭腦與我執的主人。

第四章

頭腦的自然天性

乘著那想之翼，
你進入了時間的世界；
乘著那想之翼，
你進入了頭腦的世界。

頭腦

頭腦是意識的領土，就如同進入虛擬的網路空間，只要你一有想法，你就進入他幻象的世界，他是分離的世界。故每當你在頭腦內，你就居住在過去或未來的某處，你唯一不存在的地方就是現在這裡。

過去的記憶

頭腦，他的原始天性，就是過去，他是你過去經歷體驗的總和，包括了所有你的概念、理想、意見、信念、態度和批判看法。

頭腦和我執只能透過記憶知道過去的事，再將這過去的事投射到當下這刻，而這樣不但會扭曲了當下這刻的真實性，同時也使你無法經歷體驗生命的真理。

在頭腦這個層面的功能是創造一種舒適和安全的感受，他提供了你是誰的感官意識，也提供你所有有關你生命意義的感官意識；但是他將已知濃縮減低，使你對生命的感受變得遲鈍。

當你在頭腦這個層面經歷體驗生命時，你可透過處在當下自微細的方面對頭腦呈現的一切說：「我已經認識你了，我已經歷體驗過你了，我已經有我對你的意見，看法和信念，所以我不需要與你同處在當下，我不需要在這刻認識你，因為我早就知道你來自過去。而，在那裡面沒有純真，沒有存在現在，也沒有生命。」

你的頭腦不只包含了所有你這輩子的記憶，也包括所有前世重要的記憶，還有在你之前活過的人匯集的記憶；頭腦是令人驚奇的器具，進入他你就要承擔所有的風險，因為你非常容易就迷失在其中。

想像的未來

當你在頭腦裡，你不只是在過去，你也在未來裡，那是一個想像的未來。

在那微細和經常性的無意識層面裡，你記得過去的痛苦和局限，以及所有情感情緒上的創傷，和未能得到滿足的需求，故你運用想像力試著去創造美好的未來，不過你所想像創造的未來不是真正的未來，只是過去向未來的投射，就這樣你把自己關入試著逃脫走的過去裡。

你以夢想和欲求的方式進入未來，你甚至創造一些良好的感受，因為你的想像中攜帶著希望的承諾，不過那是假的諾言，永遠都不會兌現，你所相信的未來永遠都不會到來，永遠不會滿足你，唯有當下這刻能夠滿足你。

只要運用投射進入未來，你就離開了當下這刻，把自己關入頭腦的世界裡。

幻象的創造

當你在頭腦和想法的世界裡，這時你就是創造者，不過你創造了什麼呢？你創造了屬於你自己的幻象世界，你創造了一個記憶、主意、概念、意見、信念的世界，你相信頭腦的世界是真實的，然後你就注定住在那裡面。

全世界的人，都在創造自己的幻象世界，你會和那與你相信相同幻象世界的人和睦相處，這些人是你的朋友，彼此不會有太多的衝突，不過當你那幻象世界和你的鄰居不合時，那你立刻就進入了戰區，處在充滿敵意的區域裡。

當你相信你的幻象是真實的，你就會把你幻象的信念強加於他人，你甚至會開始進行戰爭對付那些與你不同幻象的人，你也會假借你那幻象信念的名義想方設法的去證明他們有罪，只因為他們的幻象與你的不同。

幻象的分享

所有主要的宗教就是幻象分享最好的例子，有些迷得更深，有一個簡單的檢驗方法，哪一個宗教是最努力去説服人相信他們的觀點？而那個愈努力去説服改變他人的，就離真理愈遠，這是個簡單的方子，不難得到結論，你只要看一看歷史課本就能了解，讓有耳能聽者，自己去聽吧！

頭腦就像部電腦

頭腦就像部電腦，像電腦是由於他只會根據程式指令運作，如果你明智、有判斷力，就會知道如何去確認你頭腦的程式，以及這些程式是如何的影響你的生活。

頭腦的程式是從受孕就開始設定的，一直持續到你的孩童時期結束，剛開始時只是一個感受，引導成一個印象的看法感覺，繼續發展成想法的形體，再發展成一個信念，這些信念就是頭腦的基本程式。

無意識的信念

在孩童初期形成的信念，皆是關於你自己，關於他人或關於生命的信念。

假設，例如，當你還是嬰兒或幼兒時，你的父母十分地忙碌，當你需要他們時，他們都不在你的身旁，也可能他們同時有其他兩個或三個小孩要一起照顧撫養，或者是他們工作很忙碌，所以他們不能真正地與你同處在當下。

結果造成，你經歷體驗到被拋棄，被孤立的感受，進而漸漸地發展形成了沒有人需要你或沒有人愛你，及在你的生命中你完全是一個人存在的信念。

如果你相信你是不值得人愛的，那你就會吸引那些無法愛人的人進入你的生命中，就算是有會愛人的人出現，他們也會突然發現他們無法愛你，因為外在的世界是為了適應配合你的內在世界而存在的。

又如果你相信所有愛你的人都會離開你，那自然這種情況就會一而再的不斷發生在你身上，這種形態的信念，通常發生在兒童父母分離或父母一方突然死亡的情況下。

這些信念不但一直影響你每一個成長的階段，直到你長大成人，也影響了你生命中的每一個層面和人際關係。

如果你的父或母對你有情感情緒上或肉體上的凌虐折磨的話，就會導致一個無意識信念，即生命是不安全的，其他人也會凌虐折磨人。實在無法置信的是，由於這信念，你吸引了凌虐折磨你的人進入你的生命裡。

你的頭腦用這種方法尋求認可。

「看吧！」他會這麼告訴自己，「我就知道我是一個受害者！我一直都是對的。」

你最好趕快覺知到你那些無意識的信念，他們創造了你對生命的經歷體驗，而且只要這些信念一直保持在無意識狀態下，你就無法脫離他們。

這兒列舉了一些比較常見有關於你自己、他人或生命的信念，這些信念是自兒童時期即設定的程式，或許有些仍然在你的無意識內左右著你生命的經歷體驗。

哪一樣是屬於你的？

沒有人要我；沒有人愛我；我不值得人愛；沒有人接受我；我不夠好；我不會做；

我一直是一個人；我與人分離開來；我被人拋棄；我不能依靠信賴別人；我必須自己去完成；信任人是非常不安全的；一定要在我的控制中；放鬆是很危險不安全的；沒有人了解我；沒有人願意聽我說；我根本不算數；我不能表達我自己；說出來是很不安全的；我不能說不；我不能要求我想要的；我不可以擁有我想要的；我是個令人討厭的人；我一定有什麼不對的地方；我不能模仿；我是不安全的；生命是不安全的；都是我的錯，都怪我；都是他們的錯，都怪他們；我動彈不得；我陷入困境；我不想要在這裡；離開這兒是很不安全的；我不屬於這裡；我不能適應這裡；流露我的感受是不安全的；我必須隱藏我的感受；我必須表現好；我必須要做對，不能出差錯；我必須親切待人；我不可以冒犯得罪人；我必須隱藏真正的自己；我沒有價值；我不能信任自己的判斷力；我不能信任我的感受；我一定要勇敢；我一定要堅強。

可想而知，上述這些狹隘信念對你的投射，不但在過去影響你，甚至到今天仍然影響著你呢？

頭腦和倒退

當你在頭腦裡，你在過去的某個地方，一般來說不是太遠的過去，所以你才能合理的運行。

但這並不是總是這樣，有時你會經驗到一段時期的壓力，擔憂和焦慮，有時你感到苦惱心煩、痛苦傷心或生氣憤怒；有時你感到被人拒絕、批判武斷；有時甚至覺得十分貧乏或恐懼害怕。

所有這些情況的發生是由於你退回到過去的經歷體驗中，也許是兒童時期的經歷體驗而你把這個經歷體驗投射到當下這刻。

如果你能簡單的注視著，看著你自己退回到過去的經歷體驗中，就沒有問題，因為你知道你現在所經歷體驗的都不具有真實性。

在那真實的感官意識中你正在做夢，而當你認識了解到你在做夢，你就可以從夢中醒過來，一旦你確認了夢的天性本質，就容易自夢中醒過來。

恐懼進化論

在上古原始之初，恐懼是人類為了肉體生存的威脅而產生自內在的本能，是為了讓我們能對抗或逃跑以求生存。

例如，當你碰見一隻西北虎，你根本不可能去坐在牠的周圍去想該怎麼辦，那恐懼感會讓你馬上拔腿就跑或對抗牠，所以說做為一個男人或女人的原始本能，你的生存是依賴於你對恐懼感的反應。

恐懼是眾生求生存的重要部分，直到現在當我們面臨生存的威脅時，仍然在我們生命中扮演著重要的角色。例如有人用刀要攻擊你，恐懼就會立刻激發你逃跑或對抗求生存。

不過當我們變得愈來愈世故老練，愈來愈進入頭腦那個想法、情感情緒化的世界後，恐懼就會以不適當的方式進入這個區域內。

對抗或逃跑的反應，在每當我們感覺到情感情緒上受到威脅的時候就會啓動；如果有人挑剔、批判或排斥我們時，我們會預先設定我們的生存受到了威脅，然後立刻進入對抗或逃跑的反應，這對抗或逃跑的反應逐漸地就發展成了一種行為的模式，或一種在這個世界存在的方式。

那些在兒童時期，對微細的情感情緒創痛傾向逃跑反應的人，在長大成人後會變成離群索居孤立生活的人，生命對他們來說是非常困難的，他們太過於敏感，常常感到自己是個受害者，他們恐懼害怕任何會導致他們有被排斥或批判感受的一切，因為在他們的無意識內，這些感受的經歷體驗威脅到他們的生存，他們迷失在接受和認同的追尋中。

而那些在兒童時期，以對抗的方式去反應情感情緒創痛的人，就會傾向爭強好鬥、競爭、控制、有時甚至有暴力或凌虐的傾向。

這些模式扭曲了我們生命的經歷體驗，影響了我們的人際關係，所以把他們帶到意識覺知中是非常重要的。真相是，情感情緒上的創痛從來就不會威脅到你的生存，如果說有人挑剔你、批判你或排斥你，那實在跟你一點關係都沒有，那完全是他們對他們自己的聲明，不是你的。

鳥瞰頭腦

覺醒進入當下這刻給你一個以前不可能有的遠景力，給你一個鳥瞰自己的雙眼觀看自己，讓你能夠變得十分警惕、注意地看著你那在我執與頭腦層面的你。

又直到你覺醒進入一個較高的意識層面，你是無法很警惕注意的；直到你覺醒知道所有自我的認知了解，皆是我執試圖去了解他自己前，要超越我執是不可能會有遠景的，是不能將你引至解脫的。

過去是如何入侵當下

最近，我和一位年約四十的女性做了一次個別的對話引導，她和我分享了她人生所經歷體驗到的巨大恐懼和焦慮，她經常無端地哭泣，她迫切的在尋找一個男人，卻又對那些對她有意的男人不感興趣，事實上是，她向我透露說她經常被她得不到的男人所吸引。

跟她談了約十四分鐘，聽了一些她兒童時期及她和父母關係的細節後，她問題的核心就清楚地顯現了。

小時候，她沒有得到她迫切需要的愛和關注，她覺得很孤獨，她用盡一切方法去引起她父母的愛和關注，但都沒有成功，這樣過了一段時間，她就開始說服自己，說自己是沒人愛的，也沒有人會在她身旁，所以她完全是孤單一人。

她用她全部的生命試圖去否定、避免這些被孤立、拋棄痛苦的感受，她花費她整個人生試著去尋找為她存在的那個人。

總之，這個劇情有兩個問題是無法避免的。

第一個問題是，無論她如何地努力試圖去否定、逃避那深埋在她內在痛苦的情感情緒，都是辦不到的。那恐懼害怕、痛苦和孤獨的感受是經過長期積壓下來的，非常接近表層得以經常滲透出來，影響她的感官意識和她對生活的經歷體驗。

第二個問題是，無論她怎麼努力去找能為她存在、跟她一起在這裡的那個人，她就是找不到，因為在她的兒童時期她的真實體驗是她是孤單一人。

我們按照我們無意識的信念在過我們的生活，我們我執的整個架構是建立在那些信念上，我執是非常精確的，絕對不會去遷就那些不符合無意識信念的生活，而這就是為什麼她只會對她得不到的男人感興趣的原因，為了要符合她兒童時期的信念，那就是沒有人會為她在這裡。

「你無路可走，」我對她說，「沒有解決的辦法，痛苦、恐懼、孤獨感永遠不會離你而去，你永遠是孤單一人。」

我的目的是把她積壓的情感情緒引出來浮出表面來，因為唯一能把我們從過去的痛苦中釋放出來的方法，是去感覺所有積壓在我們內在的感受。

她開始失控的哭泣。

「只管感覺那感受，」我說，「允許他們自深層浮出來，和你的這些感受同在一起不再試圖去逃避。」

她深深地哀泣著，漸漸的像嬰兒一般的哀嚎。

我給她時間去完全的經歷體驗那些感受，幾分鐘後，我邀請她進入當下這刻。

「在這刻有任何值得你恐懼害怕的東西嗎？」我問她，「睜開你的眼睛環顧四周。」

她睜開雙眼，環顧四周，可以明顯的看見沒有任何東西值得恐懼害怕的。

「在這刻你是孤單一個人嗎？」我問她。

她直接對我眨眨眼，變得更深入當下。

「不，」她帶著無力的微笑回答，「你在這裡。」

「只要你試圖去逃避面對恐懼或孤獨感，」我說，「你就會繼續不斷的尋找那為你存在這裡的那個人的旅程，而且你永遠也找不到，因為這個找尋和你的基本信念『你是孤單一個人的信念』不一致不符合，所以你不會贏的。」

「我能夠做些什麼呢？」她平靜的問我，「我真想從這些中得到自由。」

「你正在做啊！」我說，「只要去感覺那痛苦和恐懼並同時留在當下，自然而然的你會覺知了解到，痛苦、恐懼和孤獨是來自你的過去，和當下這刻是無關的，你整輩子都在逃避的這些感受，只不過是因為你的壞習性使然，就是因為這樣你才會被鎖在過去裡不能待在這裡。」

她似乎了解了我所分享的訊息，明顯的放鬆了下來。

「在這刻你正在經歷體驗什麼？」我問她。

「實際上，我覺得十分祥和與平靜。」

「那是因為你在當下，」我告訴她，「而且當你處在當下，所有的痛苦和來自過去狹隘局限的信念都會消失。」

在對話結束後，她已處在比較和平的狀態中，流露出對接受引導的感恩之情。

受孕期頭腦的程式設定

有時候那些痛苦和局限的經歷體驗始於出生前，而存在現在使這記憶能夠自深層意識裡浮現出來。

我曾經和一位男士經歷過一個這樣的案例，這位男士他對我說他總是生活在某種程度的恐懼中，他總覺得有一些威脅他生存可怕的事會發生，他還說他對女人不信任，而這影響他進入健康完滿人際關係的能力。

這位男士是個專業的醫生，是個非常真誠令人喜愛的人。在和他對話過幾次後，一個非常深和干擾的記憶浮現進入意識中，他記起當他在母親的子宮內還是胚胎的時候，他的母親意圖用一根很尖的利器拿掉他，這個事件的記憶使他內在那巨大的恐懼和恐慌升起。

我鼓勵他去完全的感覺那感受，他流淚轉而大聲尖叫哭訴，他蜷縮在恐懼中。過了一會兒他開始放鬆，他深深的鬆了一口氣感到如釋重負。

他重新獲得這嚇人的經歷體驗，使得一個巨大的光投入轉變了他的生命，同時這也解釋了為什麼他對人缺乏信任感尤其是女人，也解釋了為什麼他的整個人生，總是在經歷體驗那含糊不清又微細的恐懼感和不安全感。

這新的訊息，使他能夠重新選擇，決定他的人生不再受制於胚胎期創痛的無意識經歷體驗所左右。

另一個胚胎期程式設定的案例

這個案例是與一位女性，她和我分享她的感受，她說她總是感到痙攣且常常感到空間的壓迫感。

這影響她生活的各方面，無論在家或上班工作時她都不舒服。她常有幽閉恐怖感，她也形容她有個深又堅持的恐懼，那就是她沒有足夠的糧食供給她，所以她就一直拼命的積存食物。

這些干擾的感受不斷的介入她享受生活的樂趣。

我用了兩次個別對話引導，和她一起探討了解這些感受，並試著解開她不舒服的源頭，我們沒有太大的進展，忽然間我靈感一閃。

「你是雙胞胎嗎？」我問。

「是，」她回答，「你怎麼知道？」

「你是頭一個還是第二個出世的？」

她回答她是第二胎。

「誰出生的時候個頭大？」

「我哥長得比我大。」她回答，她雙眼發亮閃著驚奇，因為她串連了起來。

胚胎期在子宮內的擁擠狹窄，使她沒有足夠的空間，而她雙胞胎的哥哥又攝取了大多數的養分，使她營養不足。在子宮內的經歷體驗深深的刻印在她的意識裡，非常明顯地影響了她日常的生活經歷。

我引導她進入那經歷體驗的核心，她開始覺得生氣，繼之傷害，然後是需求，每一樣她都完全的去經歷體驗，這之後她開始大笑，突然間因果律照亮了她生活上所有失去運作功能的每一個層面，每一件事都變得合情合理，凡事有果，必事出有因。

意識和負責的表達方式

我們常因情感情緒過於痛苦，或無法承受而將他們壓抑下來，於是他們就在我們內在無意識的層面裡運作，造成各種傷害。

不要因為這些記憶被壓抑下來，就以為他們不再存在了，事實上，就是因為壓抑和否定而強化了這些記憶和感受的力量。

若要治療發生，我們必須改變我們對過去痛苦的記憶和感受的態度，我們必須允許他們浮現出來進入意識覺知中，並且負起表達他們的責任。

尖叫

有時老舊的記憶可以是非常非常痛苦的，幾年前我在紐約莫瑞利旅館（Marriott Hotel）舉辦研習會，當時約有五十人參加，一半是早期就參加過我的課的學生，另一半則是新加入的。在那幾天裡，我詢問團體裡是否有任何人，願意簡單的分享他們參加研習會的意圖，和他們希望得到的收穫。

團體中的一位女士開口說。

「我生活在巨大無比的壓力恐懼中。」她說。

「你現在就有壓力感嗎？」我問她。

她說是的，所以我就建議她閉上雙眼去感覺她體內的壓力。一般來說，我會引導她進入壓力的核心，進而導致壓力的釋放，我曾做過多次類似的事情，而且效果十分顯著，通常很簡單就能引導至深層的治療。

「我不能閉上我的眼睛，」她回答，「如果我一閉上，我就會尖叫。」根據那在當下這刻升起浮現就接受、允許表達的原則，我鼓勵她閉上雙眼感覺那壓力。

「只要和壓力同處在當下，」我告訴她，「如果你會尖叫，你就尖叫吧！」

「不！你不了解，」她抗議的說，「我是真的會尖叫的。」

「那就尖叫。」我平靜的回她。她閉上雙眼，而那尖叫聲立刻就開始了。

我從來不知道有誰可以如此的尖叫，那叫聲如此尖銳超乎想像，穿透了存在體的我，穿透了我的每個毛孔，讓我想到愛德華・蒙克（Edvard Munch）的畫作「尖叫」（The Scream；或譯吶喊）。

這簡直就是來自地獄的尖叫聲，絲毫沒有減少的跡象，她完全迷失在尖叫中，這尖叫聲響遍了整棟旅館。

我的頭腦快速閃過了很多事，我顧慮到旅館內其他的房客，我也顧慮到課堂上的人尤其是新加入的人。

我把我的椅子搬到她的對面坐下，我感到顫抖，她完全沉浸在尖叫中，我叫喚她，試著去引起她的注意，可是她完全沒反應，我無計可施，所以就加入她。

於是我開始尖叫，設法吻合追上她那極度強烈的尖叫聲，結果當然是她睜開了雙眼看一看是誰在叫，我立刻要她看看周圍的人，並且和在座的每個人接觸連繫，我要她盡可能的處在當下。

當我覺得她已進入當下後，我就告訴她閉上雙眼，而她馬上又回到她的尖叫聲中，仍然像之前那樣的強烈，我再一次把她自叫聲中拉出來，幫助她再次和團體中的每一個人接觸連繫。

我不斷重複這個過程，直到她對處在尖叫聲中的感覺不再那麼的強烈，她的雙眼依然閉著，我鼓勵她看看周遭。

「你在哪裡，在你身上發生了什麼事？」我問她，試著把尖叫聲的源頭帶到意識覺知中。她開始無法抑制深深的啜泣，在那尖叫聲和啜泣中換來換去，這個狀況持續了十分鐘，我鼓勵她去確認她在哪裡以及在她身上所發生的事。

過了一會，她才得以與我溝通，一切都很清楚的顯示出她在德軍納粹集中營，因為她形容了當時的建築物及人們，也十分仔細的形容了那些納粹守衛。

她看起來大概四十五歲左右，所以我就認為那是一個過去世記憶的浮現，我就能以她所經歷體驗的現在並未發生來消除她的恐懼。

我迫切地要她把所有的感受完全的感覺出來，她就自然地漸漸放鬆安靜了下來，尖叫聲終止了，啜泣也停了，她變得十分的平靜。

我告訴她睜開雙眼，再一次，我引導她深入存在現在，並且要她直視在場每一個人的眼睛。

她照著辦，一個龐大愛的感受能量瀰漫了整個房內，感覺上好像是上帝與我們同在，她這輩子揹負的尖叫聲已經釋放走了，她現在充滿了上帝的光和愛，這一刻是我的生命中和在場的每一個人都感到最神聖的一刻，我深深的感受到，這次的治療對集合的層面來說有著巨大的影響力。

這整個過程差不多花了一整個上午的時間，已接近午餐時間了，我建議大家休息一下吃午飯，在我們一群人朝著旅館餐廳的路上，旅館內一些神經緊張的房客瞄了瞄我們。在餐廳時，那位尖叫的女士坐在我旁邊，用餐途中她轉身面向我。

「你是個奇怪的傢伙！」她說。

「你説的是什麼？」我驚訝的問。

「喔！當我在記憶中時，你一直説那是我的過去世。」

「是的！」我回答，「正是如此。」

「不！那不是！」她抗議的説，「是這一世，在我只是個嬰兒的時候，真正的發生過的事。」

「你現在幾歲了？」我問。

「我今年五十七歲，」她説，「我在那兒。」

我沉默的吃完我的午餐。

我將這個尖叫的故事收錄，是做為情感情緒釋放的特殊案例，你能想像你在這種尖叫的內在壓力下生活，是什麼樣子嗎？我們很少有人會面臨這種強烈的感受。

即使是這樣，也只花了九十分鐘，就完成了釋放那恐怖經歷體驗所帶來的情感情緒，倒空了她內在尖叫聲的結果，使她能進入深層永久的治療。

真相是，在我們的內在都有來自過去壓抑的感受隱藏在裡面，而我們大多數人也只需要花幾分鐘去釋放感受、完成治療。

你可以在幾分鐘內將此生所壓抑的怒氣完全的釋放掉，只要你擊中要害、敲對音符，你可以在幾分鐘內釋放掉所有來自兒童期所有的傷害、痛苦，如果你能完全的允許接受他們，並在他們浮現出來時停留在當下。

有時，人們告訴我，他們已經做了許多年的心理治療與情感情緒釋放的課程，實在看不出有再做的必要。我的回應是，整個過程若是沒有「存在現在」的能量做支撐做後盾，就不是真正的治療。

第五章
我執

你無法覺醒，
直到你開始
和我執的關係正常化！

誰是贏家

如果上帝和我執為了你比賽，而競賽的題目是上帝能給你什麼？我執能給你什麼？你想哪個會贏？誰是贏家呢？

我執可以提供給你的是所有的知識，過去的經歷體驗，及未來的發展潛能，他可以提供給你希望和成就未來的承諾，也可以提供你未來開悟的可能性。

而上帝所能提供給你的，就只有真實的與你一起同時存在這裡這刻的一切。

這不是一項公平的競爭，很少有人能看穿我執的詭計，也很少有人能抗拒我執那假的承諾與誘惑，所以他們停留在被囚禁的頭腦裡成為我執的奴隸。

上帝的寶座

我執坐在上帝的寶座，在一個重要的日子裡，上帝來了。

「你為什麼坐在我的寶座上？」上帝問。

「因為我可以！」我執回答。

「不過，你的身分是不能坐在我的寶座上的。」

「我比你有力量，」我執說，「我選擇坐時我就坐！」

「你為什麼相信你比我有力量呢？」上帝問。

「因為打從有時間開始，我就已經坐在你的寶座上了，我得到支配人類頭腦的力量，如果你比我有力量，你就不會讓這件事發生，你會把我移到別處。」

「我的本質是『允許』。」上帝說，「如果你想坐在我的寶座上，你就坐吧！完全的允許你。但除此之外你沒有任何的力量可超越。」

我執存在想法內

你的我執存在於想法內，想法就是他的架構，你的想法愈頑強頑固，你的我執就愈嚴格。

我執

我執是來自過去的你，卻堅稱他是現在的你。

我執跟隨著你

在這覺醒的旅程上，我執一路上都跟隨著你，甚至是當你在經歷體驗深層的存在現在的時候，我執也站在你的旁邊虎視眈眈地準備把存在現在的真理據為己有。

一旦我執變成靈性的主導，你就輸了，迷失了，這時就很難找到一個可以把你帶回來的人。

靈性的我執

那個過度介入你靈性精神生活的，就是靈性的我執。

我執尋找開悟

就算是你靈體的渴望使你走上覺醒之道，然而你的我執可以變得十分介入你的靈性之旅。

我執會變得如此介入，其因有二，其中一為——

他相信開悟是唯一能脫離痛苦、煎熬的方法，要不就相信開悟是究竟解脫之道。

關於開悟，我執有他自己的主意和概念，但是他不知道開悟的真相，不知道什麼是真正的開悟，他讀了許多別人開悟時的經歷體驗，而將那些經歷體驗的祕密據為己有。

他很高興你去讀靈修的書籍，拜訪靈修的老師，收集靈修上的知識，他要你去參加各種靈性上的練習活動，他喜愛那靈性的呈現及靈修的感覺，他更愛搜索追求感。

我執對處在當下是什麼是毫無頭緒、完全的不知道，他也不知道當你安頓駐足於存在現在中時，他在你生命中所扮演的角色會徹底的的改變，他不知道他會消失，至少是在那些你真正地處在當下的片刻中。

如果你碰巧意外的發現覺醒的真正之道，是經由當下這刻這扇門的話，他就會十分強硬的抗拒，因為這出乎我執的意料，不是我執所期望的。

開悟發生在你超越了我執，變成完全的處在當下，由於我執不能存在當下，他就不能跟著你，但他不想被拋在後面，被拋棄在永恆的分離和黑暗中，而你卻敞開進入生命的真理、愛和自由中。

「這麼多年來的靜坐和靈修的練習，到最後我卻被甩在後頭！」我執說，「我想沒那麼容易吧！」

他會變得非常有技巧的去抗拒任何進入「存在現在」的片刻，如果你要覺醒，你就必須把我執介入你靈性之旅的搜尋追求帶到意識覺知中。

與我執交涉的過程

在這一路上的某處，我發展了與我執對話的能力，每當別人的我執對我誠實和誠信正直地回應時，總是讓我感到十分的驚嘆！在過去的十五年裡，幾乎每一個與我對話過的我執都是這樣回應我的。

我能和我執溝通的能力是，基於我已經完全精確地了解了我自己的我執，並和他有著正確良好的關係，我的我執已經停止抵抗臣服了，而別人的我執似乎能感覺感受到這點，所以他們的我執才會以朋友的方式回應我。

另外一個導致我和我執溝通的能力的是，我發現到我執只有一個，而我們全人類都是那一個我執的獨立表達機構，也就是說，一旦你了解了你自己的我執，你就了解了所有的我執，這個是我們存在的一個大祕密。

我執對「存在現在」的抗拒

經過這麼多年與我執的對話，我已經確認了我執為什麼和怎麼會如此地抗拒「存在現在」。

下面舉個美妙的例子來說明，這是我和我的一個學生珍在聖塔克魯茲一個星期二的晚上提問的對話。

「我似乎不能停留處在當下超過一刻。」她說，「想法一直淹沒我，我不斷地被拉進過去和未來裡，就是停不下來。」

「你的我執不想要你處在當下。」我說，「我可以和你的我執談一談嗎？」她同意，所以我就繼續下去。

「為什麼你一直讓思想河流持續不斷地流動呢？」我問她的我執，「你為什麼不允許珍處在當下呢？」

「我不喜歡她處在當下的時候。」

「為什麼你不喜歡呢？」

「我害怕，我覺得自己消失了。每當她處在當下的時候，我也覺得自己好像要死了。」

珍的我執回答讓我很感動。

「所以你就以想法介入，使她無法處在當下。」

「是的。」

「如果我告訴你，每當她處在當下時，你不會死去，也不會有永久消失的感覺呢？」

「那會發生什麼呢？」她的我執問，「每當她處在當下時，我可以感覺到我的世界在消失。」

「當她處在當下時，她沒有想法，沒有過去，沒有未來，而你的世界是想法的世界建立於過去和未來，所以每當她處在當下時，你的世界就消失了。」

「那這時我怎麼樣呢？」

「你就暫停等在一旁，就像電話的暫停保留鍵一樣，你不會死去，你不會消失，你只等在一旁，而且只是暫時的。」

「那在我暫停的時候，我到哪裡去呢？」我執有點試探性的問。

「你走入寂靜中。」我輕柔的解釋，「那就像在寂靜中渡假，你非常的和平放鬆，而只要她想參與時間世界的那一刻，想法就會啓動，你就立即復位恢復了，你仍在她覺醒的生命中扮演著一個角色。」

我停頓了一會兒，讓我執有時間去沉思我剛剛所分享的訊息。

「這些訊息能幫助你放鬆嗎？你對存在現在比較不害怕了吧？」

「是的。」

「很好，那你現在願意讓她處在當下，不再帶給她不必要的想法干擾她嗎？」

「絕對不要。」

「為什麼不呢？你知道你不會死亡，也不會消失啊？」

「是的，可是每當她處在當下，我就不再控制她的生命了，我絕不容許這種事發生。」

「為什麼你不允許呢？」我問。

「我不知道。」我執回答，很明顯的是在掙扎中尋找答案。

「試著把我所說的句子接上，說完整。」我建議我執，「如果我不控制……」

「那就沒有人可以保護她。」我執回答。

「這就是你在她的生命裡一直在做的事嗎？保護她？」

「是的，就是這樣。」

「你保護她對抗什麼？」

「傷害！」

「她如何被傷害？」

「別人的武斷看法、批評諷刺和排斥。」我執一字一字強調的說。

「你最初開始保護她的時候，她幾歲？」

「四歲，大約五歲。」

「當時她經歷體驗了什麼？」

「她覺得沒有人愛她。」

「她是否覺得受到傷害和排斥？」

「是的。」

「你的介入是否為了幫助她呢？」

「是的。」

「你怎麼幫助她的？」

「我把所有痛苦的感受壓下，所以她就不必去面對處理他們。」

「在那之後，你又做了什麼？」

「我接掌控制了她的人生，所以她就不用去感覺痛苦。」

「你是否發展了避免痛苦的策略詭計？」

「是的。」

「你掌控她的人生，你的目的不但是要幫助她感到愛和被接受，同時也是要幫助她避免痛苦是嗎？」

「是的，就是這樣。」

「你的說法做法有一個問題存在。」我說。

「有什麼問題？」我執的回答帶著反抗。

「你所保護的痛苦是存在她的過去裡，」我解釋，「跟當下這刻一點關係都沒有。你為了能繼續在她的生命中扮演保護者的角色，你必須把她留在痛苦的過去中，不然你這個角色就沒有存在的意義，你只是持續那痛苦罷了。」

我執看起來十分的困惑迷惘。

「在這一刻有任何她需要被保護的跡象嗎？」

我執環顧四周，很不情願的說沒有。

「那在這一刻有任何對她的批評諷刺或批判看法嗎？」

我執再一次的回答沒有。

「那麼在這一刻你就不需要保護她了，是嗎？」

「不需要，在這一刻不需要？」我執答覆著，試著去尋找如何逃避問題。

「那麼，這一刻呢？」我問，「她在這一刻需要被保護嗎？」

「不需要。」

「那這一刻呢？」

我很樂意整個晚上不斷的重複這問答，片刻接著片刻，直到珍的我執承認當下這刻沒有什麼好害怕的。

「真相是當她在當下，她永遠不需要你的保護，你明白了嗎？」

「是的，我明白了。」我執很勉強的回答。

我鬆了一口氣。

「很好。」我說，「現在你願意放輕鬆並讓她處在當下嗎？」

「不！」

我知道還有一個障礙要突破。

「為什麼不呢？」我耐心的問。

「我為什麼要這樣做呢？」我執抗議的回答，「我這一生都在保護她，如果我允許她處在當下，我就沒事幹了，那我的存在就沒有目的了。」

「你還有一些事可做啊！」我對我執說，「如果你同意對她放下保護者的舊角色，我可以提供你在她生命中的新角色，而且你會十分十分的樂意去扮演。」

現在我吸引了我執全部的注意力。

「那是什麼呢？」

「當珍覺醒進入當下這刻，你是她的『生命助理』。她是一個永恆的存在體，在時間的世界裡，她需要你才能有效率的運作，她需要你那組織和管理技術的協助，但是她不需要你的保護，因為當她在當下時，所有過去的痛苦和局限都會消失不見。」

珍的我執完全地被我所描述的新工作吸引了。

「我喜歡，聽起來真不錯！」我執說，「我什麼時候開始上任？」

「直到她從根本上駐足於存在現在前，我不會要你放下你那保護者的角色，而在你放鬆讓她處在當下，你會逐漸地信任她內在那存在現在盛開的花朵，自然而然地你感到安全了，你就可以放下對她的控制，這是一個十分柔和的轉變過程！」

我執似乎對我的建議十分滿意，我感謝他的誠實，我問珍她的感覺。

「我覺得完全地處在當下，而且十分的和平。」她說，「沒有想法浮現。」

我執剛開始的時候是你的朋友

在你生命旅程的剛開始，我執是你的朋友兼保護者，經過時間的變遷，他的角色從保護你變成了保護他自己，保護捍衛他在你生命中占有的地位和力量。

他現在是分離的監管者，他的意圖及目的，是把你囚禁在頭腦那過去和未來的世界裡，把你和當下這刻分離隔開，把你跟上帝分隔開來。

你是無法戰勝打敗我執的，你所能做的就是和我執建立良好的友誼，讓他最後能回到你的朋友的這個角色。

存在現在的覺醒和我執之間的差異

當你完全地處在當下，並與真實存在這裡的事物同在，你的頭腦是寂靜的，那麼你就是在存在現在中覺醒，除了這以外的一切都是你的我執，沒有例外可言。

任何你的層面只要是存在於這刻之外的就是你的我執，任何你的想法就是我執的想法，任何你執著的意見或信念也是我執的執著，所有的批判看法來自我執，任何你喜歡或不喜歡是我執喜歡或不喜歡，全部通通是我執。

我並不是說你的我執有什麼不對，也不是說他是壞或邪惡或你必須除掉他，我只是單純的敘述覺醒在存在現在中和我執之間的不同。

因為如果你不知道有什麼不同的話，那你如何知道你處在當下？你又如何深入存在現在呢？你又怎麼覺醒呢？

我執不能活在存在現在的眞理中

由於我們試圖勉強我執活在存在現在中，所以我們迷失得很嚴重，這樣的要求我執對他是很不公平的，勉強我執去變成他不能變的，對我執是一種褻瀆欺侮，等於強迫他接受失敗和恥辱，他會感到他被批判和譴責，他會感到他不能勝任、沒有信心和沒有用，然後他就會因沮喪而造反。

如果你在任何方面去批判和抗拒排斥我執的話，他就會取而代你完全的把你壓下去，他會控制你，設法超越你的力量，他會宣稱你是屬於他的。

我執不會輕易的釋放你

你必須從根本上徹底的停留在存在現在中，並和我執有良好的關係，否則在這達到之前，他是不會放下他的抗拒，臣服於你，釋放你進入當下這刻的。

我執對你的測試

如果你只是這裡一下或那裡一下的處在當下，我執是不會停止抵抗向你投降臣服的，為什麼他要投降臣服呢？他必須覺得安全，在他放下他的控制前，他必須知道他可以信賴並依靠存在現在，他會測試你，因為他必須確定你是真正的主人。

我執的測試很簡單的，他知道真正的主人是有愛心、接受與允許的，他知道真正的主人是完全沒有批判看法的，所以測試的主要項目就是批判看法。他會用一切可用之法去介入你那批判看法的能量。

如果你對自己或任何人有一點的批判看法，你就不是真正的主人，如果你批判我執或試圖除掉我執，你就不是真正的主人，又如果你批判你生命中任何的痛苦或不愉快，你就不是真正的主人，我執就不會臣服你，你就沒有通過他的測試。

問題是我們大多數的人都無可救藥的迷失在批判看法中，批判看法已成了我們無意識生命中內在固有的一部分。

通過測試

要通過我執的測試，你必須超越批判看法，而唯一能超越批判看法的方法是將批判看法帶入完全光明的意識覺知中，每一次當批判看法自內在升起浮現出來時，你必須擁有、承認和坦白那批判看法的能量，只有這樣，我執才會知道你是真正的主人。

而真正的主人是誰呢？就是你，完全駐足安頓於「現在」這刻的你。

憐憫我執

我執是值得憐憫的，在分離的世界裡要擔任照顧你的角色是非常不容易的。同樣的那也是不容易做到的，就是要他一下子就把你放掉釋放你進入當下這刻，而他卻必須被留在後頭。

在覺醒的初期階段，我執覺得他被你出賣了，你背叛了他，他覺得他被你拋棄了，你把他丟進那永恆的空間裡，而你卻被送入與上帝同一體中。

這似乎看來對我執很不公平，他在無意識的世界裡擔任你的保護者，是他鼓勵你去追求開悟，也是他把你帶到當下這刻的門口，而現在他卻要留在後頭。

我執他需要你消除他的恐懼、疑慮使他安心，並感謝他、肯定他的重要性，讓他知道在你覺醒的生命裡，他仍然扮演著一個重要的角色。

感激感謝我執

當我執最後終於臣服，釋放你進入存在現在中，接納他在你生命中的新角色後，他就是個對真正主人充滿愛的忠僕，就像你這個主人是上帝的僕人，向上帝奉獻你的愛和忠誠是一樣的。

何不對他在你生命中擔任的新角色，表達你的感激感謝呢？每天晚上就寢前，花點時間感謝我執工作圓滿達成。

畢竟，你是個永恆的存在體，在這時間的世界裡，沒有我執你是無法運作的，沒有我執，你甚至不知道你的名字。

最後的警告

小心喔！在我執下最後的決定釋放你之前，他會用最後一個詭計，他是個十分有技巧的騙子，他可以輕易的假裝成覺醒的人，他知道處在當下要如何呈現，他知道所有正確的語言，如果你不小心，就會上他的當被他騙喔！

如果你想你是開悟的，或你想你在當下，你就被你的我執給騙了，你被吸回了頭腦的世界，須知在覺醒的存在現在裡，是沒有想法的。

然而，你很容易把自己從這個詭計中釋放出來，如果想法升起說你是開悟的，問問你自己，「誰在開悟？」又如果想法升起說你處在當下，問問你自己，「誰處在當下？」

唯一可能的答案是「我是」（I am）這個答案帶你回到存在現在，這個答案把你帶回寂靜中，是「我是」所以你覺醒，是「我是」所以你開悟。

第六章
感受

我們用想法逃避我們的感受，
如果你要停止想，
並回到存在現在，
那麼就感覺你的感受。

感覺你的感受

感覺你的感受是非常重要的，感受給我們的生命帶來豐富和充滿活力的品質，他們裡面帶著生命的力量，給我們一種充滿動力活著的感受意識。

然而，你若要和你的感受有正確的關係，你必須了解一些基本原則。感受在這刻升起，他們與現在發生的事有關，他們流過你，一旦這刻過去了，那感受就消失了，他們不再逗留，他們本不該逗留的。

正如你在遊樂場坐雲霄飛車，所有你感受到的刺激都是立即呈現的，只屬於那一片刻；又如你欣賞黃昏時夕陽自海平線漸落的美所感受的喜悅，也只屬於那一片刻；當你凝視你的摯愛時，你內心所充滿那愛的感受也只在那一片刻；在網球比賽時，你以一記完美的短打贏了對手的那種勝利感，也只屬於那一片刻。

感受不屬於時間的世界，千萬別把他們帶進去；如果你執著肯定的感受如喜悅或快樂，你抓住他們不放，那你就介入干擾他們流過你，這些感受就以記憶的方式在你的內在累積，結果造成，你漸漸地被吸入了頭腦的世界裡。

同樣地，如果你抗拒或壓抑所謂否定的感受，如悲傷、傷害或生氣自你的內在升起。在這刻升起的感受是不屬於你的，他們屬於上帝和當下這刻，他們僅僅是流過你罷了！讓他們自由地流，你只要負責任的表達他們，而如果你這樣做你就會獲得豐富的獎賞。

不要想著你的感受

去分析你的感受就是去想起你的感受，他會把你帶離當下這刻，進入頭腦。

如果有必要要知道有關於你的感受的事，在你經歷體驗你內在的感受時，他會呈現給你知道，如果沒有呈現，那麼只要放鬆感覺那感受即可，沒有什麼需要讓你知道的。

超越故事

如果感受來自過去，他們會跟著故事一起來，去感覺他們並完全的把感受表達出來，不要介入故事裡，故事來自過去，跟這刻是完全無關的。

躲避痛苦的陰謀

人類深深地認同所壓抑的痛苦感受，如需求、傷害、悲傷和生氣，而主要的宗教也都不願意揭露感受這些痛苦情感情緒的重要性，好像陰謀串通起來似地去躲避痛苦，所有一切痛苦的核心，就是那活在分離世界的苦，在那個世界沒有人真正地處在當下。

諷刺的是只要你在這刻壓抑痛苦活在分離的世界裡，你就進入了那個世界，如果你又拒絕去感覺痛苦，那你就會被囚禁拘留在那個世界裡。

癮患

癮是一種躲避的策略，是試圖躲避壓抑在你內在的情感情緒。不論你染上的是什麼癮，如嗑藥、喝酒、性、食物或電視，其內在的動機都是在躲避沒有解決的需求感、傷害感或生氣，如果你想要從癮中解脫出來，你就必須去感覺那感受。

痛苦

情感情緒的痛苦是肉體疼痛的先驅，如果你去感覺和經歷體驗那情感情緒的痛楚，他會把訊息傳送給你，揭露你需要知道的一切，揭露你被套牢在過去的什麼地方，還有需要治療和注意的地方，他也揭露了你在什麼地方和存在現在脫軌了；揭露了你為什麼無法誠實正直地和別人相處，或為什麼別人無法誠實正直的和你相處。

如果你十分注意情感情緒的痛楚，並且適當的去回應的話，那麼就不需要任何肉體的疼痛。

不過如果你忽視否認情感情緒痛楚的存在，根本就不去回應他，那麼某種程度的疾－病（dis-ease）就會逐漸地在你的身體裡顯露出來，這疾－病會逐漸地造成肉體的疼痛，而這個痛苦會十分的頑強，因為他要傳達訊息給你。

感受的全光譜

和形成彩虹的主要色彩一樣，恐懼感、需求感、傷害感和生氣形成你感受的全光譜，而其他的感覺只是這些主要感受的變化。

如果你要對別人表達你的感受，你必須分享你那感受的全光譜。

假設，舉個例子，你生你先生或太太或朋友的氣，因為他或她不聽你的，為了能有效的溝通，你就必須擁有、承認和坦白你生氣的感受，不過你必須以負責任的方式去做。

「我感到很生氣，因為我覺得你都不理會我。」

然後你必須去感覺並坦白隱藏在生氣下的傷害，在你坦白時，你愈去感覺那傷害感，你就愈能有效的溝通。

「當我覺得得不到你的回應，我覺得沒人愛，沒人關懷，而這引發開啓了所有我兒時所受的傷害。」

在分享傷害或悲傷時，誠實和公開不遮掩是很重要的，淚意升起時，不要試圖去隱藏它，在那傷害之下是需求的感受，我們大多數的人都害怕真正的去分享我們所需求的東西。

我們所需求的，在兒時未能得到滿足，所以我們學會了跟他們切斷連繫，現在我們的需求變得遙不可及，而我們需求得不到滿足的這個結果，使我們覺得受到了傷害進而變得很生氣，所以請你清楚的去感覺你的需求並把它表達出來。

「當我説話的時候請你聽我説，我需要感覺到你有在聽，我需要有參與感，我需要感覺到愛。」

自然而然的，你的先生或太太或朋友就會非常樂意的用愛回應你，他們會很願意聽你説並與你一起同處在當下，你不是去攻擊他們，怪罪埋怨他們，或造成他們的錯誤，你只是單純的誠實正直誠信地分享你的感受。

在需求感之下的是恐懼，恐懼源自兒時，在兒時，你的父母在你需要他們的時候不能夠照顧你，聆聽你的需求，你覺得孤獨，做為一個孤單的小孩是令人非常害怕恐懼的，在那微細和無意識的層面裡，認為你的生存受到了威脅。

所以直到現在，每當你感到沒人聽你的時候，兒時的恐懼就投射到當下這刻，你覺得孤單及需要，你覺得受到傷害、生氣，所有這些感受均升自你內在的無意識，而且是立刻啓動反應，你不再是成年人了，你是那個擁有恐懼感、需求感、傷害感與生氣的小孩。

當你以負責的方式表達那全光譜的感受後，你就開始脫離和他人的糾纏，而在感受消失後，你就能回到存在現在中。

下一次你感覺不到你的先生或太太或朋友的聆聽時，你就會了解沒有必要有情感情緒的反應，只要處在當下，問你要問的問題就可。

喜悅的分享

肯定的感受同樣有全光譜；寂靜、和平、愛、快樂、喜悅！要慷慨的分享這些感受，每個人都會被你的存在現在所鼓舞提升。

什麼是我們眞正想要的

我們唯一真正想要的就是別人能和我們同處在當下，我們追求愛、接受和認可做為存在現在的代替品，這個追逐尋求來自兒時，當我們覺知到沒有人真正的處在當下，不要接受任何的代替品，直接開口請別人與你同處在當下。

焦慮

如果傷害、悲傷、生氣和狂怒的感受自你的內心升起，而你阻止這些感受表達出來的話，你就會經歷體驗焦慮感，如果你持續堅持的累積壓抑這些感受，你就可能會經歷體驗驚惶失措的打擊。

若要減輕焦慮和驚惶失措感，就要允許這些深層的感受浮出來進入意識經歷體驗，你必須完整的感覺那感受，並允許他們經由你正確地表達出來，且在負責任的方式下表達。

不健康的生氣

唯一不健康的生氣就是壓抑在你內在的怒氣，或直接針對你自己的怒氣。

生氣和沮喪

我們大多數人都學會壓抑我們的生氣，我們把他們放在我們的內在向內移轉，這常常導致沮喪的感受。

如果你感到沮喪，問問你自己，是不是有什麼事讓你非常生氣？如過答案是「是的」問問你自己，在生誰的氣，及為了什麼而生氣，如果你要脫離沮喪，你就必須去感覺那怒氣，學習以意識覺知及負責的方式把它表達出來。

生氣和傷害

每當你有受到傷害的感覺，就是在表示你沒有得到你想要的，或你得到的是你不想要的，跟生氣一樣，如果你感受到傷害或生氣，下面的問題就會升起。

你想要的是什麼而你沒有得到？你不想要的是什麼而你得到了？你是否以清楚的方式和愛的方式表達你想要的是什麼？甚至你是否知道你自己到底要的是什麼？你是否允許自己去感覺傷害，或者是你自動自發的用生氣來躲避傷害的感覺呢？

那自發性的動作從傷害到生氣是我們在較早的兒時——即幼兒時所學的反應，他似乎整輩子跟著我們，如果你想從中解脫出來，你必須學會正直誠信和負責的方式把生氣表達出來，然後你必須再去感覺那傷害的感受。

分離傷害感和生氣

大多數的人，傷害感和生氣是合而為一的，這使得治療根本無法達成。

當你在表達生氣時，傷害感浮現，而當你在表達傷害感時，生氣感浮現，以致於沒有一種感受可以完整的表達出來。

你必須把這些感受分開來各自完整的表達，首先先完全的感覺表達生氣，當生氣感完全完成完整的表達後，再去感覺傷害，生氣幾乎總是傷害的反應，不過當你在感覺傷害時是不需要生氣感的。

允許生氣完全的宣洩表達出來

真正的表達生氣，不在於如何強烈的抒發你的情感情緒，比較像在拉小提琴，你必須拉對音符，你必須允許生氣發出自己的音調，你必須讓生氣做他自己。

生氣是不友善的，他要大聲激昂地胡言亂語、責怪、埋怨和咒詛，他要報復扯平，要懲罰那傷害你的人，不過他沒有興趣去懲罰真正的犯罪者。但是，你若不用咒罵和責怪是不能夠充分地表達生氣的，生氣是完全根本的蠻橫不講理，不過，只能在你允許他完全表達自己的時候，你才會發現。

一旦你認識到生氣是多麼的蠻橫不講理，你就不太可能認真嚴肅的去對待他或迷失在他的故事裡。

不要把你的怒氣施加在別人身上，這是很重要的。在表達生氣時不要把別人扯進去，大多數的人對向他們發脾氣的人有情緒上的反應，若不是怒氣引發另一個怒氣，火上加油導致暴力的話，就是別人變成了受害者，不管是那一種，都不會有令人滿意的結果出現。

最好是進去你的房間裡，私下將怒氣朝你生氣的對象宣洩出來，盡可能的誇大表演出來，讓生氣做他自己，盡可能完全的宣洩出來。

生氣若有故事，把故事表達出來，但千萬不要去相信他，你僅僅是單純地讓生氣有他本身存在並表達他自己的權利，他需要感覺到被接受，如果你試圖除去生氣，這就是一種微細的批判看法，會導致生氣不能完成他的表達。

以意識覺知和負責的方式表達生氣，會引至大笑收場。

不要對你自己生氣

把生氣朝向自己發是非常不健康的，你必須找個人代替你，你可以生你媽或你爸的氣，你可以生你的伴侶或小孩的氣，也可以生你老闆或你前任男友的氣，不管是誰都可以，只要不是你。

這個意思不是說你走向他們，把他們包括在你生氣的表達裡，只是說你必須找一個朝外發洩怒氣的方式，否則怒氣會毒化你的內在，導致沮喪而生病。

你甚至可以對上帝生氣，至少有三分之一的人類在他們受苦的時候會生氣上帝，即使這是隱藏在無意識層面裡，很少表現出來，你是無法承受怒氣在你的內在發展的。

身體是頭腦和我執的殉道者、犧牲品

如果你選擇壓抑生氣，你想他會到那裡去？他是不會消失的，他儲存在你的身體裡面結果造成你的身體受苦，你的身體必須承擔所有壓抑在你內在的感受，所以說如果你夠聰明的話，最好是把身體的這個重擔釋放掉。

生氣靜心法

允許生氣有意識及負責的表達出來，跟靜靜的靜心，觀照注意著呼吸，是同樣的重要。

如果你承受著許多壓抑的怒氣，請每天做至少做一個月的生氣靜心，這之後只要在需要的時候做，生氣靜心至少要持續五分鐘，最好是你單獨在房間裡做，那兒沒有人可以聽到你。

做生氣靜心就是讓壓抑在你內在的怒氣完完全全的表達出來，用一句基本的句子支持你做完靜心，那就是「我非常的生氣」。

現在讓靜心開始，就讓怒氣表達出來，大聲的說出你的話，一旦你開始了就不要停下來，找個對象或東西發洩怒氣，讓怒氣流動，如果你罵不出話來的時候就回到那基本句，一直重複直到下一個怒氣的支流升起再表達，大聲的吼叫罵出你的話是很重要的，這樣你才能聽見怒氣在說些什麼，這會在怒氣表達流過你的時候，幫助你和故事脫離關係，留在當下。

這不是通便，通完就沒了，你也不是試圖去除掉怒氣，你是在把怒氣恢復到原位，回復到他原有的存在和自我的表達，你必須敲對音符，用對的聲音，完美的面部表情去表達，你願意的話可以緊握雙拳，如覺得需要就去打枕墊。

誇大誇張渲染怒氣是有幫助的，怒氣是不講道理的，他要咒罵、詛咒、埋怨和殺戮，允許他去做，用手榴彈炸飛你的爸媽，把你的老闆丟進鱷魚池內，有創意的去報復扯平。

生氣靜心，是怒氣的慶祝，如果這樣過了一會，你開始笑了起來，那你就完美的表達了怒氣。怒氣是十分嚇人、蠻橫無禮的，你不應該太嚴肅太認真的去對待他，將他表達發洩出來，享受他，讓他在你的內在炸開、迸發玩樂，帶著遊戲的心情，一直持續地表達發洩，直到他覺得滿足完成了，而你對怒氣負責地表達，怒氣就會讓你得到自由。

怒氣和狂怒的表達

每當我鼓勵你去表達怒氣或狂怒，我都會假設你會以負責的態度去做，千萬不要介入陷入這些感受的表達中，你的怒氣並不是別人的錯，沒有人可以怪罪埋怨的，沒有人能引你生氣。

你生氣是因為你有蓄水庫般壓抑在你內在的怒氣，你必須對此負責，而實際上那些引你生氣的人是你的朋友，他們為你帶來釋放怒氣的機會，你應該感謝他們才是。

恨

恨是冰冷的，恨是閉塞的，恨是不原諒寬恕的，恨是變成堅硬頑強的怒氣，不要把你的恨投射給別人，那是會反彈回來還給你的，就像你照鏡子反射出你的臉一樣。你的恨是從你那陳舊未曾治療過的創傷裡升起來的，他從你這生未能得到滿足的需求中升起。

當恨自你的內在升起時，就讓你自己充滿恨吧！進入那恨的世界，去感覺他，擁有他，表達他，但是不要相信他，他雖是來自你的內在，但他不是真理，唯有愛是真理，你用處在當下釋放過去，放掉埋怨歸咎，放下期待和怨恨，問問你自己什麼是你想要的，不過不要執著結果、攀附於結論中，對你那些未能滿足的需求負起責來。

慢慢慢慢的，恨就會在你的內在溶解，怒氣和怨恨就會自你的生命中消失，唯有愛和當下這刻留下來。

感受

感受就像河，本來就應該自由的在你的內在流動，每當你壓抑或否認你的感受時，你就在河中建了堤壩，阻擋他自由的流動。

你為自己建了堤壩，毫無想法的去經歷體驗感受，你允許感受在你的內在完全地表達，允許感受封閉在你的內在暢通無阻的流動，允許感受客觀的存在你的內在主導你的生命。

投射

當我們壓抑否定的感受，就會有無意識把這些感受投射到別人身上的機會。例如，你是個有批判看法的人，但你不去擁有或承認這批判看法的感受在他們自你的內在升起的時候，因你不願去想到你是一個有批判看法的人，所以你就否認那批判看法的存在。

故你就把批判看法的能量投射到別人身上，然後你的人生就生活在堅信別人都在批判你對你有看法。結果就是你覺得受到了傷害或生氣，而你卻全然不知這些痛苦的經歷體驗，完全是你自己投射創造出來的，是你自己一手造成的結果。

地獄

活在地獄中，就是指活在一個充滿你自己否定投射的世界中。

丹尼爾在獅子的窩裡

有一天我接到丹尼爾的來電，丹尼爾是我的一個學生，也是我親近的朋友，他剛從西班牙旅行回來，他感覺自己倍受困擾，請我儘快為他安排一個個別對話引導的時間。

第二天我們見面了，他向我報告說，他感到十分的沮喪，甚至想自殺，他還說到他經歷體驗了荒謬的恐懼感，且十分害怕人群。

「你害怕什麼？」我問。

「我害怕他們想傷害我。」

他覺得十分困惑，因為沒有什麼明顯的理由讓他有這樣的感覺，我請他回憶過去的幾個星期裡，是否有任何強烈的怒氣升自他的內在，每當有人報告沮喪的感受時，這是我首先要查證的。他非常認真的思考我的問題。

「有一個人讓我非常的生氣，」他說，「有一晚我在斯維里的一個晚宴上，碰到一個十分干擾人的醉漢，他的談話使我大為不悅。」

「那你做了什麼嗎?」

「我什麼都沒做,我不想去惹麻煩,而且我有點怕他,在某些方面他非常的具有攻擊性,我怕萬一我說了什麼,他會失控,我會受到攻擊。」

「如果當時你沒有恐懼,能正直的去行動的話,你會做什麼?」

答案從他那爆發出來。

「我會立刻拿起一把尖刀,直接插進他那混帳的喉嚨。」

我對丹尼爾的回答嚇了一大跳。這個回答充滿暴力,十分的惡毒,卻是正直誠信的,是強而有力的,也十分駭人的。

「哇!」我十分訝異的說,「這個就是從你遇見那個醉漢起,一直在你內在封存的東西,由於你沒有去表達出來,他就轉向內在發展,而且這種程度的暴力壓抑在你的內在,是會毒化你的。」

「但是我要是在當時爆發那麼強烈的憤怒,我就會因謀殺罪而入獄的。」他抗辯。

「我是不能允許我自己去感覺那麼強烈的感受,因為那是會失去控制的。」

「我不是說你該去向任何人表達，而是說你必須找機會用負責的態度允許那能量表達宣洩出來，你必須向外排出，否則他會向內發展創造強烈的壓力，一旦你掙扎的去控制這個壓力，你的能量就被封鎖了，因而導致沮喪。」我停頓了一下，讓他有時間吸收我所說的話。

「如果你一直持續的否認這麼強烈的能量，他隨時就有把他自己向外投射的可能性；『投射』能減輕內在無意識的壓力，而這正是你的寫照，憤怒暴力的能量和壓抑在你內在的怒氣投射出去投射到別人身上，於是在你不知情之下，你經歷體驗到來自外在的暴力和殺戮的欲望，這外來所造成的結果就是使你有多疑妄想的感受。」

「我能做什麼？」他問。

「你必須要接受擁有你那暴力的天性，你是暴力的，你是個殺手，如果有任何人傷害你或侵犯你的空間，你就想毀滅他們、宰了他們；只要去擁有他、接受他、坦白他和表達他，不帶有任何的批判看法，這就是解脱的方式，當你擁有接受這個能量存在你內在的事實，你就不會再向外投射，而當你完全負責的把他表達出來後，你就會從你的沮喪中走出來。」

他離開這個個別對話後，深深的覺得自己釋放了。幾天後我們一起共進午餐，他玩笑的告白說，他是一個暴力的男人，我得小心不要傷害到他的感受，否則他可能會殺了我。

我們一起大笑愉快的享受午餐。

第七章

靈體的旅程

來自你的過去，
必須你自己釋放，
這並不局限於這一世。

寬廣的視野

教人家覺醒真的很簡單，我不想把它複雜化；對你們某些人而言，能清楚地了解你們走在什麼路上是有很大的幫助的，這會把你們生命中所有的痛苦和困難的經歷體驗，帶入宏觀的視野，進而揭開你們在地球上存在的深奧目的。

真相是，你不是只有這一世，在你進入母親的子宮前，你存在那靈體的境界，你死後你就回到靈體的境界。

靈體的旅程

你是一個在經歷生生世世旅程的靈體。

在這旅程開始之前，你存在於同一體中，你是永恆的存在體，是存在那存在的天國，而非伊甸園喔！不過你離開了天國，離開同一體，進入那時間的空間，那二分性和分離的空間，這就是你以靈體開始的旅程。

靈體的旅程穿越許多世，蒐集了每一世不同感受的身分認證，每一世活過的身體，對靈體本身的感受意識提供的，和現世每一項重大事件提供給你，對自己的感受意識的方式是相同的。

如果說，在你輪迴轉世的初期，你是個好爭鬥、控制欲強，並會辱罵責怪人的人，絲毫沒有一點對別人的關懷或尊重，這些否定的特徵和在那一世你想法的業力、行為的果報，在你死的時候會轉交給靈體。

這些會加入在靈體分離的感受意識和沒有價值的感受意識中，而那些否定的個人特徵，也會一起帶入隨之而來的一世。

又如果你被傷害、拋棄、孤立或受到情感情緒的凌虐，這些也會加入靈體分離的感受意識中，如果你較早期的前世有心性狹隘和失敗者的信念，這些信念也會攜入下一世，直到它們被帶到意識覺知並釋放掉為止。

這整個靈體之旅的重點是，靈體淨化自己的否定特徵，治療過去的傷口和創痛，以及釋放掉狹隘局限的信念，和所有涉及靈體陷在分離幻象中的一切。

在你輪迴進入到現在這一世之前，靈體寫了一個劇本，提供你完成祂目標的最佳機會。祂的目標是回到同一體，而你在地球的生命是否能依照靈體的目標向前踏進，還是妨礙阻止了祂的進展。

由於這樣，你成了靈體的使者談判代表者。當你在地球上治療完成，靈體也完成了治療；你釋放了狹隘局限的信念，這些信念也自靈體釋放掉了。當你為過去的凌虐懺悔和贖罪，那過去凌虐的業力後果就會從靈體釋放掉。

你在地球上愈覺醒，靈體就會愈覺醒，而靈體愈覺醒，你在地球上就愈覺醒，這兩個空間層面是相互依存的。

是故，在你的生命結束時，當你離開身體被吸入靈體之中時，你就必須面臨下面的問題。對靈體而言，你的這趟旅程是否圓滿達成任務？功課學到了嗎？在你的努力下靈體是否得到淨化？還是你把靈體未能解決的創痛、壓抑的感受、未能滿足的欲求、誤解、苦、衝突、孤獨、恐懼和失敗感都帶了回來？你有設法解除靈體業力的債嗎？還是你創造了更多業力的債回來，讓緊接而來的一世去處理？

不管結果如何，靈體會要求繼續前進淨化，這出生、死亡然後再出生的過程會一直繼續下去，直到靈體淨化重回到與「上帝」同一體的經歷體驗中。

悔悟

如果，在過去世，你是個殘暴、殘酷或凌虐或因行為導致罪惡感及羞愧感的人，那靈體自己就必須找到補償賠罪的方式。

在隨之而來的一世，靈體也許會寫一個要求高層次虔誠、仁慈和愛的服務的生命劇本，作為贖罪的方式。

也許這個人生的劇本會包括大量的靜心，和靈性上深層的洗禮練習，通常這是不夠的，曾涉及凌虐他人的靈體，必須進入悔悟；前世凌虐愈多，悔悟就需要愈大。

不管怎麼樣，如果過去對他人的凌虐是停留在無意識的話，真正的悔悟是不可能發生的，所以生命的劇本會包括把過去對人的凌虐帶到意識的方式。

為了悔悟的路，靈體有時會創造一個劇本把被人凌虐而非凌虐者的角色寫進去，這使我們了解到基督的話，祂說：

「施於人，人必施於你。」

「對待他人要好像他們對待你一樣。」「己所不欲，勿施於人。」

「你要別人怎麼對待你，你就要怎麼對待別人。」

十分覺知、有意識的去經驗那被凌虐的痛苦，那你就不會想要把痛苦加諸於他人，這樣你的悔悟就是真實和虔誠的。

一個機會

就如同你兒時痛苦和創傷的事件會影響你的生命一樣，前世的痛苦和創傷也會影響你的生命。

為了使你自狹隘局限的過去中解脫出來，那些痛苦和創傷事件就必須在意識覺知中還原恢復，這是治療過程的本質，不論這還原的事件是來自兒時還是那遙遠的前世。事實上，你在這世所經歷體驗的創傷，也許是你那存在靈體深層的品質投射在這世的，他提供了一個治療靈體極為珍貴的機會。

當你知道治療和完全釋放過去，能讓你進入當下這刻和生命真理的時候，你就會知道在你生命中的每個問題、爭執衝突與困難，實際上是一個治療和覺醒的機會。

恢復過去的記憶

好幾年前，當時我住在澳大利亞，一位四十來歲叫安妮的女士參加了我的講座，她是位有三個小孩的母親，簡而言之，她的生活失去了運作功能。

當她第一次參加我的課程時充滿了恐懼和焦慮，她害怕離開家裡，怕開車，什麼都怕，不過呢，她也有令人覺得溫暖的地方，我猜隱藏在那恐懼、痛苦之下有一顆黃金的心，她不但盡可能的參加講座，也和我有兩、三個個別對話引導。

在那幾次對話後，她的故事逐漸地顯現出來，在兒時，她曾有許多年被家庭成員中的一個人性騷擾攻擊，這造成她的羞恥感、罪惡感和恐懼感，同時嚴重的傷害影響了她的生命。

另一件在她兒時的重大事件是，她五歲時她的祖父在她玩耍的旁邊舉槍自殺，她非常的愛她祖父，他是她家裡最愛最親近的人，就在他舉槍自殺的前一刻，她還試圖去擁抱他，卻被他不耐煩的推了開來。在某些程度上她認為他的自殺跟她有關，是她造成的，這件事在她的內在創造了很深的罪惡感，並且如影隨形的每天跟她生活在一起。

一個星期四的晚上，我注意到她在後面逗留，當每個人都離去後，她朝我走過來，她顯得很沮喪和非常需要幫助的樣子。

「怎麼了？」我既驚訝又小心的詢問。

「你必須幫助我，」她不斷重複，並哭泣，「我今天被檢查出有一個無法治癒的腦瘤，他們說我只有三個月可以活了！」

我感覺到我的能量被一股巨大的力量拉住，她似乎把所有的責任全都推到我身上，而我的回答不但我自己嚇了一跳，連帶的也嚇到了她。

「你到現在還不了解嗎？」我說，「對我來說你是死是活，是沒有什麼差別的。」她不可置信的看著我，哭著跑出房間。

「你是我見過最沒有良心最可怕的男人。」她說。她離開時說，「我不會再和你說話了。」

之後那天晚上我無法成眠，發生的事使我倍受干擾，我對她的回應似乎是不必要的殘酷無情，直到後來才發覺那是完美的回應。

第二天早上十一點左右，她打電話來。

「我打電話來謝謝你。」她說。她的聲音平靜而堅定。

「你把問題丟回給我，我了解到如果我要活下去，我必須對我自己的情況負起責任，我將報名參加十二月的靜修研習會。」

我很快的核計了一下。「不過那距今約三個月啊！」我說，帶著顧慮。「那時候你不是會死嗎？我不知道你死在我舉辦的靜修活動，我會有什麼感受。」

她很堅持，所以我告訴她，如果她問她的醫生，和家人交代清楚，那她可以參加。

她同時也請求在靜修前和我做幾次個別對話，而在那幾次的個別引導下，我們有了巨大的進展，帶出了很多她兒時痛苦的記憶進入到意識的覺知中，就是這些造成她的創痛，她很明顯地在情感情緒的層面上得到了治療。

我引導她、支持她通過這些經歷體驗，釋放深層的痛苦、怨恨、憤怒、生氣的感受；她這一生所承受的恐懼總算平息了。她對她的生命開始有了堅強和肯定的感受；雖然腦瘤仍然頑強的造成她肉體的疼痛，不過在那個時候她無能為力，只能以淚減輕疼痛，瘤的尺寸似乎在增大，而醫生也無計可施、沒法治。

我和她所做的一切努力雖治療了許多層面，卻對她的身體狀況毫無影響。當年十二月底，她參加了靜修活動，約有二十五位當地居民參加，而且他們都是以前上過課的學生。

這是一次非常強而有力的工作坊，約在第四天，我和這個團體分享了深層的治療，這個過程的目的是把在兒時壓抑和否認的感受帶到表面來，讓他們能被有意識地經歷體驗。

事實證明效果非常好，許多參加者再次經歷體驗了過去的傷害痛苦，並允許眼淚怒氣升起，以完全地有意識覺知的方式表達，這就是情感情緒治療的要訣，這也是身體治療的要訣，如果身體病的根源是由於情感情緒的干擾造成的話，那通常情況就是這樣。

對安妮而言，這個治療的過程突然為她開啓了新的層面，一道進入新領域的門打開了，她發現自己在某一個前世，那是一個非常強大的記憶和情感情緒的經歷體驗浮現了上來。

我對治療的過程深信不疑，所以我允許任何事在當下發生，我用話鼓勵她支持她，向她保證她所經歷的一切在現在並沒有發生，那只是發生在過去世的一個記憶，來自過去。

她不斷的哭泣，一直重複的説著她很抱歉，我可以進入她的經歷體驗與她連繫。她解釋並且不斷的抽噎説道，她曾經是一個修道院的負責人，負責照料約一百名的孤兒，她接獲通知説敵軍迫近，她們隨時有被搶劫、強姦的可能，她過於驚恐害怕，所以選擇逃跑，拋棄了所有孤兒，置他們於敵軍而不顧，她到死時都還滿懷罪惡感和悔恨地進入靈體，由於這會帶入隨之而來的轉世，直到被釋放掉為止，現在這世的她就背負著這罪惡感和悔恨。罪惡感的升起是經由她兒時祖父自殺所啓動引發的結果。

在那一世，她的罪惡感大到她無法面對，所以也無法懺悔，不過當安妮在靜修期間把那次的經歷體驗恢復到意識覺知中，她才能夠真正的為了她的靈體去懺悔，結果罪惡感從一個深層無意識的層面被釋放解除了，而這對她造成了深刻的令人驚喜的治療效果。

罪惡感的能量一定介入了她的腦瘤，因為當她在靜修完後回去看她的醫生時，腦瘤不見了，醫生簡直就無法相信。她不僅僅是治療了她的情感情緒和身體，她整個生命都完全改變了。每當我回去梅樂伯倫，她就等在機場接我，而那場靜修是發生在二十年前的事了。

過去世是眞的嗎？

在一個周末的座談會上，一個震撼人心的過去世的經歷體驗從與會人員中的一員升起，由於是處在意識覺知和表達下升起，造成了很深的治療效果。不過，團員中的一人對所發生的事似乎十分的困惑，他把他的顧慮大聲的說了出來。

「你談到過去世和業力的果報。」他說，「由於我從未經歷體驗過任何的過去世，對我而言，你對過去世的說法造成我對你整個教學的懷疑，雖然我喜愛你與我們分享的其他一切，而且他們也很合理，但我為什麼要相信有過去世呢？」

我由衷地感謝他的誠實。

「你的問題十分合理。」我告訴他，「我不要你相信任何我所說的話，我建議你不要因為是我說的就相信有過去世，但也不要不相信，在這個階段，唯一真正要保持的立場是不知道，到目前為止，你的經歷體驗尚未進入過去世的記憶，所以這不是你應該擔憂顧慮的問題。」他很認真的聽我繼續說下去。

「如果我要你接受我說的一切，我就會把你帶入相信的世界，這對你是一種侵犯，我絕對不會這麼做！不過我可以把我所經歷體驗過的告訴你，這不是企圖去說服你，只是簡單地揭露過去世的可能性和靈體生生世世的旅程，我請求你敞開你的心靈，做一個不相信者，並不會比做一個盲從相信的人聰明、有頭腦。」

在我的經歷體驗裡，我曾經和那些會自動以震撼戲劇性方式升起過去世記憶的人們對話過，我並沒有用任何如催眠、追溯法或其他的方法引發誘導他們。

我唯一相信再會合的過去世，是在我們深入存在現在，我們的人性變得愈來愈誠實、正直的同時所升起的過去世，有一些和我做過對話的人在治療和釋放過去時，這是自然會發生的部分，但不是全部的人都是這樣。

對我而言，證明過去世是否存在是不必要的，只因為這是我自己在跟別人做對話所經歷體驗過的，並且親眼見證了，恢復還原過去世創傷記憶後發生的治療。

釋放掉遙遠的過去

或許，我再用另一個過去世治療的案例向你說明，可以幫你打開對過去世的心靈的可能性，但不要求你相信它。

有一次，我和一位二十初頭，已參加過我晚上的教學座談會三個多月的女性進行對話，她以前也曾和我有過多次的個別對話，無論在哪一方面看來，她都是一位十分美麗可親的女性，除了一項！她對男性的陰莖十分的畏懼，她無法忍受任何裸體的男性靠近她，你可以想像這對她的生活有多大的影響，尤其是她的愛情生活。

她參加了我在加州舉辦的七日靜修，在那次靜修，強大的情感情緒開始顯露出來。我的回應是立刻鼓舞她去感覺那感受，並完整完全地表達出來，開始我以這是她兒時遭受的創傷痛苦的原始感受發展過程為原則進行治療，但整個過程未能達到任何目標。

我突然靈機一動，她已不在這一世，我請她繼續閉著眼睛，但看看四周，告訴我她是誰，她在什麼地方，她發生了什麼事，突然間在歇斯底里中冒出了一個故事。

她是十二歲的女孩，居住在非洲，她被綁架做為奴隸買賣運送到海外去，在海上航行的時候，她遭受到惡劣可怕的性虐待，而這惡劣可怕性虐待的記憶來勢洶湧。

當她經歷體驗了她那最悲慘最糟糕的前世，包括她的死亡後，她開始放鬆，她平靜了幾分鐘，然後變得非常的興奮，她開始以全然狂喜的狀態在靜修中心繞圈奔跑，她以極度喜悅的方式慶祝自己從前世中解脫。對我們這些同處在當下的見證者，見證了這強大治療的人而言，這實在是令人雀躍不已。

而治療的結果是她對性的恐懼感完全的消失了，她在隨後的兩年內結婚生子，育有兩個可愛的孩子。

治療是必須的嗎？

有某些朝向覺醒靈修道路的人，他們說治療是不需要的，同時還說參與介入過去會使你留在過去，唯一需要的是待在現在，因此沒有過去需要被治療。

這的確是真的，如果你能在你日復一日的生活中和你的人際關係中，從根本上停留在當下，那麼治療是不需要的，過去也就無關緊要了。

不過許多在靈修道路上的人，發現要處在當下是很困難的，就好像他們被未處理掉的過去抓住，不釋放他們。對那些人而言，治療是需要的，如果他們要使自己從頭腦的世界裡得到自由，且能變得完全和永久的立足於存在現在覺醒的狀態中。

不需要去尋找什麼需要治療的，你不需要專注於過去，只要待在當下，存在現在會自動為你做這項工作，存在現在的力量會為你帶來任何需要治療的一切到意識覺知中。

過去為了得到治療和完成會浮現出來，你釋放了過去，過去就釋放了你，而這樣就能允許你深入當下這刻。

存在現在治療的力量

當下這刻是進入過去的門，這使得真正的治療和完成有可能達成。經由存在現在的力量得到的治療，並沒有什麼特別神奇、不可思議的，這就好比我們向上帝的恩典和力量祈求，不單單是完全的處在當下，我們的為人也要絕對的誠實正直誠信。

頭痛

一位參加靜修的女士，抱怨她幾乎整輩子為頭痛所苦。

「你現在有頭痛嗎？」我問她。她說她有。

「這是因為你不讓你自己去感覺你的感受。」

「我想要感覺我的感受。」她說。

我邀請她到講台來，坐在我旁邊的椅子上，她坐定後，閉上雙眼，我引導她進入深層的存在現在。她回應我說的話，和她身體的呼吸同在當下，並和每一片刻她所聽到的聲音同處在當下。

「現在我請你和頭痛同處在當下，他是存在當下這刻的，他有權在這裡，完完全全的去感覺他，跟他在一起，對他說『是』。」

當她變得和頭痛同在當下時，感受就開始浮現出來，而她開始哭泣。

「就讓眼淚流吧！」我告訴她，「他們有權在這裡。」哭泣不斷的湧現，而她開始抱怨她的胃很痛。

每當我們壓抑我們的感受，這些感受為了堅決的要引起我們的注意，就利用肉體明顯的疼痛來引起我們的注意，而這是符合邏輯的。

「和你的胃痛同處在當下。」我柔和的建議她，「他有權在這裡。」眼淚自她的臉頰留下，這時她透過淚水回答。

「我覺得自己沒有價值。」

「沒有價值的感受有權在這裡，感覺他，和他同在當下。」我處理的方式很簡單，就是鼓勵她，在每一片刻無論是什麼呈現他自己，她就完完全全地和呈現的他同處在當下，她跟隨著我的引導經歷體驗感覺她的感受，過了一會兒，眼淚停了下來，她平靜了許多。

「你的頭痛怎麼樣了？」我問她。

「好多了！」她回答，很顯然她有點驚訝怎麼這麼簡單，只要她去感覺所有壓抑在她內在的情感情緒，她的頭痛就能減輕消除。「不過我還感覺到我右眼後有點不舒服，有一小部分的頭痛徘徊在那裡。」

這提供了我一個線索，就是還有一些什麼沒有結束，有一些更深層的東西需要治療。「不論頭痛還有什麼留下來，我都請你和他同處在當下，只要去感覺他，如同你在看護照顧他。」我等在一旁，直到她進入當下。「現在，如果那眼後剩餘的一點頭痛能經由你說話，他要說什麼？讓他經由你說出來。」

頭痛經由她說話。「我不要在這裡。」她說。

「你為什麼不要在這裡？」我問。

她開始歇斯底里的哭。「我不想要看，我不想要看。」

「你不想要看什麼？」

「每個人都要死了，每一個在我周圍的人都快死了，我救不了他們。」

「他們被困在一棟房子裡，而房子失火了。」

她尖叫：「喔！上帝！喔！上帝！」

很明顯的一個過去世浮現出來，我鼓勵她去勇敢的面對，好好的看著發生的一切，並且讓所有的感受完全的浮上來。

「喔！上帝！」她哭泣。「我無法幫助他們！我無法幫助他們！」她無法抑制地一直哭泣，她充滿無助與悔恨，我鼓勵她留在感受中，並把這件事看下去直到結束。

「請求他們原諒你。」我建議，「告訴他們你十分抱歉，未能拯救他們。」

她在流淚中配合跟上我的指示，對那些死於火災的人她請求他們的原諒，並表達了深深的悲痛之情，突然之間她安靜了下來，而且非常的平靜，空氣中充滿了祥和之氣。

「發生了什麼事？」我問她，「結束了嗎？」

「是的。」她輕柔的回答。

過了一會兒，我問她頭痛如何？

「不見了！」她大笑。她深深的鬆了一口氣，放鬆下來，整個人煥然一新，我總是感到訝異，當我們處在當下對我們自己的每個層面負責時，這種層面的治療是可行的。

「你現在想睜開眼睛嗎？」我問她。

她睜開雙眼感謝在場的與會人士，在她經歷體驗那嚴峻的經歷時與她同處在當下，她先是大笑而后喜極而泣，不過現在淚中充滿了喜悅和解放，這真是令人祝福的一刻。

十二個月後她再次參加靜修，她報告說自上次靜修後，干擾她一生的頭痛完全不見了，再也沒有出現過了。

治療

在我看來這個治療不是心理學的過程，真正的治療是你再次回復到你真實的自然天性，這就好比是剝洋蔥，一層一層的剝，直到那本質的你顯露出來，他是回到天真純潔的你，他是回到整體性。

這是非常的重要，了解在治療和釋放的過程，你不試圖去除掉任何東西，而且你也不是試圖去分析任何東西，更加不是試圖去彌補修正任何東西。

所有一切的發生只是你讓那些曾被你壓抑下來，所有痛苦的情感情緒和記憶進入意識覺知中，那是因為在當時要完全經歷體驗他們和意識到他們，實在是太痛苦了，不過當感受浮現至表面，進入意識覺知和負責的表達過程，那過去就完整了，並脱離了你和你的靈體。

當你處在當下，讓所有感受浮現出來是很安全的，因為你知道他們和當下這刻是完全無關的，你不會去認同、編織在這些感受中的故事。

治療的要訣是處在當下和所有浮現的感受同在，恐懼感、需求感、傷害感、怒氣感，只有他們被允許正直誠信的表達後才能解決，而且當事人必須是真正地在他們表達時與他們同處在當下，那就是你，待在存在現在中。

瑞吉兒和大屠殺

在紐約的星期二晚上，我剛和大家分享完我們人生誠實正直誠信的重要性。

「你獻給上帝的禮物是誠實。」我告訴他們，「上帝給你的禮物就是真實真理。」

幾分鐘的寂靜後，我正要進入下一個話題時，注意到有一個人膽怯的舉起手來，是瑞吉兒——一位四十歲左右瘦小的女性，她是猶太人，住在曼哈頓。

「我想要誠實，」她說，「要我待在當下實在非常困難，我的整個人生充滿了恐懼不安，而我不知道為什麼會這樣。」

「你願意來台前坐在旁邊的這張椅子上嗎？」我問。

於是她優雅的將座椅向後移，穿過人群小心的走向前台，她坐下後，神色顯得非常緊張和害怕，她的眼睛向下看，避免和觀眾接觸。

「你現在感到恐懼害怕嗎？」我問。

「我總是覺得恐懼害怕。」她回答。

我覺察感受到有什麼深藏在她的內在，而那正是這恐懼害怕的源頭。

「我想要問你一個問題。」

等到所有觀眾都穩定靜下來後。

「你跟大屠殺有關連嗎？」

她的臉上露出了為難的神色。

「是的，我想是的。」她回答，一個感受從她內在的一個非常深藏的地方浮現出來。「大約二十年前，我在一個園遊會上，當煙火在放時，我突然開始不斷地大喊大叫納粹黨來了，而我試圖躲起來，我完全地歇斯底里，實在是很古怪。」她開始啜泣，而我趕緊催促她和這感受同處在一起。

「你當時聽到的煙火聲，」我說，「引發了一個遙遠過去的記憶，到底發生了什麼事？你記得什麼嗎？」

「我不想要知道。」她說，「那實在是太恐怖了。」

她很顯然地不想放掉這個恐怖的記憶。

「你經常的在恐懼中，是因為這個埋在你無意識黑暗深處已久，那來自前世的恐怖記憶，這個記憶經由投射進入這一世，你的靈體從那一世開始就深深地印上了這個傷痕。」

她哭得更加悲切。

「唯一能使治療發生的方法，就是讓她進入意識，這包括了所有的感受和所有的記憶。」

「但是我已經做過了許多情感情緒的治療工作！」她抗議地說。

「這個不是情感情緒的治療工作。」我說，「這是靈體的治療。」

我邊說，邊愈來愈和她深入當下，所有她曾害怕的感受開始浮到表面來。

「非常好，這就是了。」我說，「讓他們全部浮出來！」

在以下的五分鐘內，所有壓抑的感受都浮現出來進入意識覺知中，她尖叫哭泣的訴說著前世她所經歷的細節，那前世也就明朗化了。

她還只是個小孩時，她被強迫和家人分離被納粹黨抓走，這使她充滿了恐懼，她從此再也沒有見過她所愛的親人。

「太完美了！」我為她加油，消除她的疑慮，恢復她的信心，「允許所有感受進入意識覺知，你將你自己自痛苦的過去中釋放了出來！」

當感受太過於強烈無法有意識地表達時，我們就把他們壓抑下去，這樣做，只會把我們自己愈來愈帶入無意識的層面裡，在我們死後，這些壓抑的感受就會被靈體吸收帶入下一世。

就這個案而言，在她死的時候，極端的恐懼害怕感、恐怖感被吸入了靈體，帶到這一世，在瑞吉兒的人生中扮演著一個重要部分，創造了就算沒有什麼可以害怕恐懼的也會害怕恐懼的影響。

由於回到這個過去世的事件，她才能將恐懼害怕和恐怖感回復到原位帶入意識覺知，使得他們能得以脫離靈體及這一世的人生，而這讓她變得能更容易的放鬆下來，進入存在現在。

她在表達感激之情後回到她的座位，那天晚上在場的每位人士都因為她的分享深受感動。之後她繼續來參加我們這個團體，而我觀察了幾個月，發現她改變得和以前大不相同，她更深入當下，更堅強，而且幾乎沒有任何恐懼感，這真是一個奇妙的轉變。

不是每個人都會面對如此震撼議題

對我們大多數人而言，只要你知道方法，治療過去是相當的簡單和不複雜的，我們大多數沒有如此的創痛，需要回到過去世尋找治療並完成他，這一世就相當的足夠了。

信任

我的經歷是，無論是什麼在你治療和覺醒的過程升起，你永遠可以信任。又不管他是來自兒時的痛苦或怒氣，或一些來自過去世痛苦創傷的事件，如果你還沒有準備好，他就不會浮現升起。

在治療和釋放過去上，是有他自然來到的時間的，你可以信任這時間，只要放鬆，允許打開胸懷和表達，並在表達過程，停留在當下，如果沒有任何東西自過去升起，也仍然信任他。

覺醒的路

所有過去的你走在你的後面，像影子一樣的如影隨形，他們在等待你完全覺醒，他們在等待你回家，回到同一體、愛、智慧、寂靜和憐憫。

小時候的你也一直跟你在一起，他在等待著無條件的愛和接受，這是他一直想要的，而這也是唯一能治療他，讓他能放鬆下來，臣服的進入你那巨大、無限寬廣的存在體中。

不僅僅是小時候的你走在你的後頭，所有你過去的轉世身分也仍然跟著你，尋求者、海盜、強盜、聖人等等！他們每一個對你向同一體推進的每一步都鼓掌讚賞。

所以你應該在這一世，在覺醒之路上走得比以前更遠一點，那麼所有你過去世的身分都會跟著你一起走，你的學習就是他們的學習，你的實現就是他們的實現，你的完成完整就是他們的完成完整，因為他們曾經有過跟你相同的旅程，你的回家就是他們回家了。

而且他們都會充滿愛意地進入你，因為你是真正的主人，你代替他們找到了路，他們就願意消失進入你，過去會消失、進入當下。

第八章

靈體的功課

你是你靈體的主宰，
「現在」學你的功課！

從靈體本身的宏觀遠景來看，他不僅是治療過去的傷和創痛，同時也進一步的使靈體本身更邁向永生。他不但釋放業力的債，如果靈體要回復同一體的話，還有一些重要的功課要學。

就是，愛真正的本質是什麼？力量真正的本質是什麼？接受性真正的本質是什麼？慈悲憐憫真正的本質是什麼？自由真正的本質是什麼？什麼是真正的責任義務？

以上這些就是代表靈體在這裡學習的功課。

二分性的教室

所有我們在時間世界裡經歷的一切，都是在二分性裡經歷的，所有我們所知的一切，都是存在於二分的環境背景內，如果沒有冷，我們如何知道熱？如果沒有短，我如何知道長？如果沒有晚上，我們如何知道白天？如果沒有關，我們如何知道開？

如果這都是真的；那麼如果沒有排斥拒絕，我們如何知道接受，而快樂就不能沒有悲傷，喜悅不能沒有痛苦？

如果沒有幻象，我們如何知道真實？如果愛不缺席，我們如何知道愛的存在？如果上帝不缺席，我們如何知道上帝的存在？如果沒有分離，我們如何知道同一體？二分性的世界是我們的教室，而生命是我們的老師。

靈體所寫下的劇本

如果你回溯一下你人生中重要的課題和事件，尤其是那些被你貼上了否定、困難或痛苦標籤的問題，你就會開始認出一些你來這裡要學習的功課，你也會確認出靈體在尋求對過去的治療。

如果說被拒絕、拋棄是你人生中的課題，那麼你一定是來這裡學習如何被接受，就只是這樣。

靈體知道所有的學習發生在二分性之中，祂知道為了要學習被接受，就必須去經歷被排斥，所以在你投胎轉世前，靈體會很小心的規劃，寫下你的劇本。

你未來的母親其人生一定經歷過許多的被排斥，她害怕恐懼親密的關係，你未來的父親是個十分武斷和挑剔的人，很明顯的這兩個人完全符合劇本的要求，他們會提供放大給你所需要的「被排斥」的經歷體驗，因為這是你唯一可以學習「被接受」這個功課的方式。

當你的父母小心選定後，你就會進入你母親的子宮，你進入實質存在的形體，你對你這一世靈體學習的功課寄予厚望。

自你進入受孕母體，你就不記得你是誰和為了什麼來到這裡，你忘了你靈體所寫的劇本裡每一個完美的細節，你忘了你來到這裡到底是要學些什麼東西。

你所知道的一切只是你經歷了大量的排斥，而你很不喜歡，你只是個小孩啊！你就開始抗拒那些被排斥的經歷體驗，所有未能被滿足的需求感、傷害感、怒氣的升起，由於你的抗拒而壓抑下來，累積在你的內在，然後他們在你死的時候被帶入靈體內。

當你死的時候，你回復到靈體的意識。

你記得所有你應該要學的功課，你記得為你所寫的劇本的一切細節，你覺知到你的學習失敗了，然後你就又開始著手準備重複這整個令人遺憾的劇集。

或許你已經重複過相同的課程，相同的人生故事一世又一世，只是不同的姓名！不同的身體罷了！還有不同的演員與服裝，可是是同樣的一個劇本。

你最好是放聰明些，仔細的檢視你的人生故事，仔細地查一查劇本，你的人生情況要顯現給你的是什麼？你來這裡要學些什麼？你來這裡要治療些什麼？現在還不太晚，生命是你的老師，經歷你的人生，現在就學你的功課吧！

喜悅和痛苦

如果你是來經歷體驗學習喜悅，那麼你的靈體就會創造某種程度的痛苦給你的人生，你不需要在痛苦中徘徊逗留，你所要做的就是去接受並且經歷體驗痛苦，痛苦就會揭露他的祕密給你，那麼你就會自痛苦中解放出來進入喜悅。

生氣和憐憫，悲傷和快樂，恐懼和愛，控制和自由也是一樣的狀況，千萬不要執著肯定他們，也不要對他們有任何的批判看法，只要放鬆和接受這些二分性的對比，他們自會在你的生命中創造平衡，把你送入核心點。

愛的眞理

當你處在當下，你就是「愛」，不管你愛的是什麼人或什麼東西，就如同蠟燭燃燒自己照亮別人，你則是無我的發出愛的光。當你真正的處在當下，「愛」就是神性的、客觀的，他擁抱接受所有他遇到的一切。

你就是愛

如果你愛任何人或任何事物，那是因為你就是「愛」，不過你如果太過於涉入、介入、融入你所愛的對象，你就會忘記你是誰，你會把你自己迷失在你所愛的對象裡。

被愛的需求

當你迷失在頭腦裡，以我執在運作，你就和生命的源頭分離了，你就和愛的源頭分開，你就和上帝分開了，你失去了一切希望，你處在絕望中，你害怕孤單和分離，你想要有一個人來成就你的生命，讓你覺得完整。

因為這樣你們找到了彼此，你墜入了愛河，你會有一陣子有完整的感覺，但卻不持久。這是不會持久的，因為你不可能在你自己以外的地方找到完整性的，那是不可能的，愛的源頭是不可能在你自己以外的地方找到的，屬於頭腦層面的愛，遲早有一天一定會失敗的。

你將會一遍又一遍的，一世又一世的回到你分離的狀態中，直到你回頭，直到你往內看，直到你記起你是誰。

當你處在當下，你是「愛」，你在你自己的內在你是完全和完整的，因為只有當你在頭腦幻象世界裡迷失得太遠時，你才會覺得被分離隔開了。要十分小心，十分警覺謹慎的注意停留在當下這刻的世界裡，記著你是誰，你是愛的存在體，你是「愛」的化身。

神性的愛

「愛」，當你處在當下，就像處在滿月無雲的夜空中，那輪明月毫無分別心的照亮一切，柔和又溫馨的用他的光沐浴著你。

如果你留住愛或對愛的分享有成見有分別心，你覺得某些是你所愛的，而其他的都可以忽略掉，這樣的話你就把存在現在那純潔的愛，也就是你的本質送給頭腦去使用。你把愛送入二分性的世界裡，你邀請恨進入你的生命和愛作伴。

記得你是誰

如果我處在當下，「我是」是那「愛」的「存在體」；如果你處在當下，那麼「你是」是那「愛」的「存在體」。試問為什麼我需要你愛我？又為什麼你需要我愛你呢？這種被愛的需求只是你迷失在分離中的顯現，與其在幻象的世界裡追求愛，不如回到存在現在中記得你是誰。

選擇愛，不是選擇恐懼

幾乎所有我們在頭腦層面所做的選擇和決定，都是受恐懼所左右。

受恐懼所左右的決定，會讓你愈來愈陷入頭腦幻象世界的層面裡，掉得愈來愈深，所以不要讓恐懼使你走上歧途，要找到永恆寂靜愛所居留的內在空間，知道你的本質是愛的存在體，讓愛那永恆寂靜的聲音引導你做你的嚮導。

愛的分享

一旦你覺醒，接受你的孤單，一切只有你一個人，最大的祝福就是去分享自你內在升起的愛。

在每一個新的當下這刻都是愛分享展現的最佳機會，你可以用簡單的方式分享你的愛，只要溫柔、關懷和仁慈，以很平常的方式愛，且一點都不要求回報，沒有想法、沒有期待，所以只要你處在當下，任何你所說的、做的都是愛的呈現。

責任

大多數的時候，我們都過著拋棄責任的生活，你好像負起了對別人的責任，而他們則負起了對你的責任，即我對你負責，你對我負責。

你對別人有所期望期待，而如果那些期待期望落空，你就感到怨恨、責備、埋怨他們、怪罪他們，都是他們的錯，他們是罪魁禍首。

反之，別人對你的期待期望落空時，他們也會感到怨恨，把錯都推到你身上，你是罪魁禍首。

所以你要對自己正式宣布，不為任何人承擔責任，那這個責任的重擔就能卸下來了。既然如此，你為何不去做呢？

那是因為你不能對自己表明你對他人沒有任何的責任；表明他人對你沒有任何的責任，所以你必須完全放下你對他人的期待期望，也就是說當事情未能如你所願，一切未能順你的意時，你不怪罪埋怨任何人，你對你自己負責。

自由的代價

自由的代價就是允許自由的發生存在，這對我們大多數人而言，這個付出的代價太高了。

眞正的責任

真正的責任有四個方面，當這四方面齊聚在你生命的當下，你就可以說你是真的在負責。

第一，你必須回應，不管是什麼在這一刻升起，你都必須能夠主動的回應，如果你餓就吃，渴就喝，聽見音樂就唱歌或跳舞，看見你喜歡的人就說哈囉！你好！

帶狗去散步吧！狗會教你怎麼去回應。

第二，完全負起回應你情感情緒的責任，你常常處在對人和事的反應中，你覺得被傷害、被激怒，或被誤解，你感到不被愛或悲傷，而這一切都是別人的錯，你不斷地埋怨責備別人，而且他們應該要對你的反應和感受負責。

你情感情緒的反應，完全是依你的情況或你過去的經歷體驗而定，跟當下這刻所發生的一切無關。

第三個方面是，清楚的知道自己想要的是什麼並負責，很少人真的知道什麼是他們想要的，而會失去這個能力是由於他們在兒時學會順從服從他們的父母，他們在那順從服從的過程中，被剝奪了選擇和行動權。

要過真正責任的生活，你必須恢復你那知道什麼是你想要的能力。

你所想要的是立即的與真實的，並且是在這一刻升起的，跟未來無關，只有在這刻知道你想要的你方能得到滿足。

如果你想要的是從頭腦升起，那麼他是針對過去未能滿足的欲求需求，而且是你所想像可以在未來滿足的欲求需求，這種欲求需求是會讓你陷入更深的分離，他是永遠不會滿足你的。

第四，也是最後一個方面，是對你自己的覺醒負起責任，在每一個片刻，你都對你自己是否處在當下負責。

你最終極的責任是，自頭腦的囚籠中解脫出來覺醒進入當下這刻，而這是時時刻刻分分秒秒都得記住的責任。

抉擇和後果——因果

真正的責任其更上一層是存在於你內在的認知，那就是每一個你所做的抉擇其導致的後果。

就用吃來舉例，如果你日常都選擇以吃漢堡和薯條為主的話，那結果就是無法避免的並在預料中，你的體重增加，你發胖了。

又如果你經常選擇以苛刻的方式對待你的伴侶，那無可避免並在預料中的是，你會有一個不快樂不幸福的婚姻，而且大多以離婚收場。

如果你選擇壓抑你的感受，就可能會導致沮喪或疾病，即便那個決定是在兒時所做的，所以最好聰明一些，趕快去回顧檢視他們。

無論在你現在的生命中你經歷體驗了什麼，歸咎其因都是由於你過去所做的選擇決定，學習怎麼樣將後果和抉擇連接起來，那你就會進入真正的責任。

只有那個時候，你會看到你所創造那屬於你生命的經歷體驗是經由你的抉擇造成的，一旦你真正的了解並接受這個事實，你就會將意識覺知帶入每一個你所做的抉擇中，而這樣的話，你就會變成你自己生命中的主人。

自由意志

自由意志存在於做選擇的能力之中，左右著我們生命的經歷體驗，有一個根本主要的選擇影響其他所有的重要的決定，一旦我們認出這根本主要的選擇，我們就會覺醒。

根本主要的選擇

有一個人想像他可以和上帝說話。

「什麼是自由意志？」他問。

「就是選擇、決定的自由。」上帝回答。

「為什麼祢賜給我們選擇決定的自由？」這個人問。

「為了教你如何的負起責任。」上帝回答。

「這是什麼意思？」

「意思就是你所做的每一個選擇都跟隨著不可避免的後果，當你認出這一點，你就會有意識的去做抉擇並覺知其後果，只有那個時候你才會有責任的活著，知道你的抉擇創造了你生命的經歷體驗。」

這個人謝謝上帝的開示，他覺得十分感恩。

「但是還有，」上帝說，「我給你自由的意志是為了測試你，我等待著你，看一看你會花多久的時間做那最重要的抉擇，我一直的等，經過了整個永恆的時間，卻只有很少很少的一些達到，認出那根本主要的選擇。」

「祢所說那根本主要的選擇到底是什麼？」這個人十分認真的問。

「就是選擇決定住在哪一個世界？」上帝繼續說，「你是選擇活在當下這刻，因為這是生命的真理，我是創造者呢？還是選擇活在你頭腦那幻象的世界裡，你是創造者？這個就是根本主要的選擇，我的最愛，你會選擇哪一個世界呢？因為跟隨在根本主要選擇的後果，是會根據你所做的選擇而徹底的不同。」

「是從哪方面來說，後果是不同的呢？」

「答案很簡單，」上帝回答，「一個選擇上天堂，另一個下地獄。」

力量

人類迷失在假的力量中，已經是無法計算的生生世世了，如果我們是那要覺醒的生物，這個是我們必須要學習的關鍵功課。

在我執和頭腦的層面，當你處在一個和別人有關係的強勢或力量的地位上時，你會覺得你很有力量、很強大。

每當你能夠把你的意志強加在別人身上時，你就擁有力量的感受，現在那個人就成了你力量下的受害者。不過這種形態的力量是非常不穩固不安全的。

因為你把力量帶入人際關係，由於二分性的原因，你現在經歷體驗力量在二分性的狀態中。

有時候你會比別人有力量，而有時候你卻毫無力量，有時你是力量的濫用者，而有時你卻被力量凌虐。

這可以發生在一世之內，也可以連續發生在好幾世，這一世你是那剝削者，下一世，你成了被剝削的人，這會一直持續，直到你認出知道真正的力量是自你的內在升起，跟他人一點關係都沒有。

如果你繼續介入擴大你那假的力量範圍，那你就無法覺醒。

假的力量

我們追求假力量，那是一種和別人有關係的力量，因為在深層的無意識層面內，我們有無力感。

控制的模式

要活在真正的責任中，你必須把你已經發展成形，奪取別人力量的控制模式完全的拋棄、放下。

我們有一些人利用生氣和攻擊控制，有一些利用批評非議和批判武斷的看法控制，有些是利用拒絕給與、壟斷和撤離、架空的方式控制，有些利用被傷和無助弱者的方式控制。

有各式各樣的控制方式、方法，要認清你的控制模式，許下一個超越他們的承諾，「恐懼」控制，「愛」允許。

真正的力量

力量和任何人任何事物是沒有一點關係的，真正的力量是客觀的，當你完全的處在當下，他自內在升起，他是生命的力量，賜給你力量表達你的獨特性，讓你自由自在的在這個世界上生活。

真正的力量會帶你進入完整及充滿活力的生命中，他讓你充滿上帝那存在現在的意識，他是那個空間層面的上帝。

一個被給與真正力量的人，是絕對不會去干預干涉介入他人的；一個被給與真正力量的人，是永遠不會設法去控制別人，或把自己的意志強加到別人的頭上的；又一個被給與真正力量的人，是永遠不會去批判武斷別人，而且對別人完全沒有想法的。

一的力量

因為真正的力量來自同一體，自同一體處升起，那兒沒有相對的力量，相對相反的力量只會在二分性的世界裡發生。

在最深層處，真正的力量是愛，而遲早世界上所有偉大的勇士，都會認識了解到這簡單的真理。

批判看法

存在現在，其原始本性是接受、允許和包容，如果你一旦介入了批判看法，你是不能夠處在當下，理由很簡單，因為在存在現在裡，沒有批判看法，一點都沒有。

批判看法的能量會立刻把你從存在現在中踢出去，他會把你帶入分離的世界裡，而且只要你一直有批判看法，你就會一直留在那分離的世界裡。

超越批判看法是覺醒的一個主要關鍵，不過你要怎麼辦才能使自己超越呢？

如果你抗拒批判看法或試圖除去他，他反而會更茁壯繁榮的發展；你唯有在批判看法每一次自你的內在升起時去擁有他、承認他、告白他和表達他，而且你在做的時候必須完全不帶有絲毫的批判看法。

每一次批判看法自你的內在升起，只要承認他就是了，不要害怕他，不要批評他，不要審判他，找個處在當下的人，向他告白或者是向上帝告白，「上帝」祂存在你內在寂靜的核心內。

「上帝，祢看到了嗎？批判看法已升起，我向祢坦白，上帝，我知道祢不會對我有何的看法批評，因為祢是絕對沒有批判看法的。」

去擁有批判看法的能量是很重要的，坦白他，不過不要去相信他。

誇張渲染他是有幫助的，花一個星期極端且荒謬的去批評審判武斷一切，走到花的旁邊，告訴花他的黃色讓你不爽，告訴樹，他長得不夠高，對天空説他不夠藍，把這一切拙劣的表演出來！盡可能的誇張誇大！盡情的玩耍！不要對自己太認真太嚴肅。

每當你批評自己或他人，就把這批評帶到意識覺知並坦承告白他，漸漸地他就會把你內在那批判看法的能量全都暴露出來，然後他就會將他的力量釋放給你，他會開始消失溶化，而這並不是因為你試圖去除掉他，而是因為你很輕鬆愉快的接受包容他。

批判看法是會向愛和接受面臣服、投降的。

沒有批判看法，就沒有任何東西可以把你綁在分離的世界裡，現在你自由了，現在你像上帝，你沒有任何的批判看法，你可以回到同一體和生命的真理。

這才是可以解放人類的正確教導，如果人類肯聽的話！

坦承告白

坦承告白是強而有力的鍊金術，你不是去坦承告白一些你希望被原諒的罪，坦承告白僅僅是提供給你一個機會去坦白面對你變成了誰，又你到底對你的無意識做了些什麼。

真正的坦承告白必須向一個完全處在當下，沒有絲毫批判看法的人面前做，如果你找不到這樣的人，那麼就去向一棵樹坦承告白，樹是不會批判你的，或者向上帝坦承告白，上帝存在你內在寂靜的核心內。

坦承告白是一種去擁有所有自己拋棄、否認的層面的方法，所有那些你隱藏、斷絕關係、批判武斷，或壓抑的一切都活在你的無意識中，如果你要覺醒的話，這些必須全都得帶到意識覺知中且沒有批判看法，而坦承告白使這一切都能達成。

罪

唯一的「罪」就是你那「無意識的罪」。

包容黑暗面

很多走在靈修路上的人追尋光明，他們認同光明卻批判武斷他們自己的黑暗面，他們試著呈現神聖，不過那是錯誤的方式，結果就是陷入壓抑和否認中。

真正的覺醒包括了包容你的黑暗面。

這個意思不是說你認同你的黑暗面，更不是要你去表現行動他，不過藉由對黑暗面的否認，卻表示你讓他透過你的無意識行動。

超越好壞善惡

好壞善惡的念想只存在於二分性的框架內，事實上根本就沒有邪惡這回事。

現在這樣的論述似乎超越了所有道德的觀念和行為的準則，是會導致混亂的，沒有對和錯的感受，我們彼此如何和平共處呢？

如果我們無意識的在這個星球上居住生存，迷失在頭腦裡，以我執的方式運作，那麼道德行為的標準是需要的，善惡的觀念是需要的，警察和監獄是需要的，用相信地獄和報應作為嚇阻的工具是需要的，在無意識狀態中的我們對自己和他人都是非常危險的。

若是我們從根本上處在當下，那麼道德行為的準則就變得不重要了，十戒就變得過時了。

當我們處在當下，我們活在萬物同一體的認知上，我們的想法、行動、行為，言語是有意識的，我們的言行總是誠實正直誠信而且沒有人會被我們傷害到，沒有人會受到傷害。

我們是愛，而且以愛的方式在世界上行走，我們不會不經深思熟慮而去砍傷一棵樹，如果我們要這樣做的話也一定是絕對必要才會去做，並以能和諧與自然界共處的方式而為之。

邪惡

我們為「邪惡」所貼上的標籤，實際上是，那些無法承受痛苦、拒絕面對感受他們自己的痛苦的人，把傷害和痛苦硬加給別人的稱謂，與其去感受壓抑在內在的痛苦，他們用轉嫁的策略來躲避痛苦。

大多數會去辱罵人的人，其實是在辱罵他們自己。恨是感受不到愛的反應，你怎麼去愛人，如果你從來沒有愛過？

如果這全都一直壓抑停留在你的裡面，那麼你因感受不到愛所造成的痛苦就會形成怒氣，而怒氣會演變成恨，而恨就會轉變成暴力。

然後我們就武斷的認為他是邪惡的，我們就譴責和處罰他，很少真的去了解看穿邪惡那顆黑暗的心，在那裡我們會發現深層處無法承受的痛苦，而在痛苦的核心，我們會發現一個顫抖的小孩，極端的渴望需要愛。

從父母到小孩

我曾和許多成年人對話輔導過，他們在兒時曾在情感情緒上或肉體上受到父母其中一方或父母雙方的凌虐。

在我們治療進行的過程裡，很明顯的可以知道那些虐待小孩的父母，本身就曾是被虐待過的小孩，由於無法承受那傷害痛苦和怒氣的感受，而在年少時壓抑下來，那被凌虐的小孩長大成人後，就變成了凌虐小孩的父母。

這一切會發生，都是由於壓抑的感受未能如願的表達出來，與其進入意識去感受那些痛苦的感受，會凌虐小孩的父母對待他們的小孩，就如同他們的父母對待他們一樣。

當那凌虐小孩的父母的這個角色，比去感受小時候被凌虐的痛苦要簡單容易多了。

這種現象在人類的歷史上不斷的持續著，做為人這種生物，我們必須學習如何和壓抑在我們內在的感受有著良好的關係，否則凌虐會無限期的持續下去。

我們必須學習如何在意識和責任的引導下去感覺和表達我們的感受，而且不會造成對任何人的傷害，這應該要在學校教導傳授，父母應該受此教育，這樣他們才不會無意識的把他們的痛苦轉嫁到小孩的身上。

用這個方式，我們可以漸漸地轉化改變人類的生活和社會的體制。

黃金定律

當你學會對壓抑在你內在的感受負起責任，你就會愈來愈有意識地覺知你的想法和行為。

你就愈能遵守那黃金定律，即與其把別人已加諸於你的再轉嫁給別人，你會有意識並覺醒的實行要別人怎麼對你、你就怎麼對別人的定律，「己所不欲，勿施於人也。」

當你覺醒

當你覺醒後，分離就結束了，你以你的獨特性在時間內存在，根植在真理和真實的當下片刻，在深入覺醒的過程，更高層面的靈體會進入實質的形體中。

你那存在本體的靈性本質會流入你的生命中。

你會經歷體驗到上帝那廣大無邊、寂靜、無限的心智之光，你會經歷體驗到萬事萬物所有的一切都是上帝的化身，散發著活在存在現在中唯一真實的上帝的光輝，你會經歷體驗到上帝純淨的本質，那就是「愛」。

當你覺醒進入存在現在中，頭腦黑暗的世界會漸漸地變得光亮，你會有一段時期那強烈照亮的光將所有的信念消融掉，而你就慢慢的但一定會開悟，你會認知到你是誰的真相，你曾去過哪些地方，做過些什麼事，當你覺醒，存在現在的意識會逐漸的為你揭露真相。

首先是有關你自己和你的人生，接著是有關你的過去世，然後是有關你在那靈性和靈體層面的存在。

宗教

宗教是一種試圖用我執這部分去作為活在存在現在的真理，基督教利用集體的我執追求基督生命的真理，佛教徒則利用集體的我執去尋求佛陀生命的真理，回教則利用集體的我執追尋穆罕默德生命的真理。

宗教一定會失敗，因為我執不能活在存在現在的真理中，唯有那存在現在中的覺醒者可以活在存在現在的真理中，而我執是永遠不知道有存在現在當下這刻的，他永遠存在那分離的世界裡。

不要做一個佛教徒

不要做一個佛教徒，做佛陀。

不要做一個基督徒，做基督。

十戒消失了

你知道嗎，在存在現在裡，十戒消失了？你不需要他們，十戒是為了這個星球上無意識生活的人而存在的，星光閃耀的旗幟也消失了，所有將我們分離隔開的國界、信念在存在現在內沒有立足之地，甚至上帝只拯救王后這事也消失了，在存在現在裡我們皆平等。

你是你靈體的主宰

你是你自己靈體的主宰，無論你在地球上學些什麼，皆代表靈體在學，是永遠不會失去的，治療過去世的創痛是永久性的，業力的加速清付為靈體釋放、解除了巨大的負擔，靈體的生命和靈體對自己的領悟覺察，皆能經由你在地球的努力而改變。

你也許是來這裡學習有關於愛的本質、接受性的本質、自由的本質；你也許是來覺醒你內在那慈悲憐憫仁愛的品質；你也許是來接受學習真正的責任，並把折磨你靈體的罪責和內疚釋放掉；你也許是來戰勝克服烙印在你靈體上那前世你是個受害者的思想；

你也許是來發現如何及為何你讓自己迷失在別人裡；你也許是來這裡為過去的行為贖過或治療過去的人際關係。

有很多的功課讓我們來這裡學習，不過有一個連靈體自己都沒有察覺到的主要功課。在我把這主要的功課說出來前，我想先說明指出靈體的錯誤。

靈體的錯誤

靈體相信，他能經由多次的輪迴轉世使自己完美，那他就能回歸到同一體和永恆，他把結果寄望於未來，而這正是靈體所犯的錯誤。

這也正是我們在地球上所犯的錯誤，我們相信在未來的某一天我們會覺醒會開悟。

真正的覺醒是永遠都不會發生在未來的，只能發生在現在這一刻，無論何時只要你完全處在當下，你就覺醒，你就開悟，你就回歸同一體，這是不會發生在未來的，只會發生在現在。

無論是你靈體夢想在未來的某一世回歸同一體，或者是你夢想在未來的某一天你會開悟，結果都是一樣的，那就是你被擋在當下這刻的門外，錯失了真正覺醒的機會。

主要的功課

經過了生生世世學過了許多功課，可是主要的功課同一體和永恆早已在這裡了，也一直的在這裡；上帝已經在這裡，也一直的在這裡；那個你一直在尋找的已經在這裡，而且一直的在這裡啊！

是你的追尋導致你的迷失，把你帶入你的頭腦裡愈來愈遠，迷失在頭腦裡，你試圖在那裡找到答案，而這樣反而讓你在幻象和分離的世界裡迷失得更遠。

你在這裡是為了記起我們是誰；你在這裡是為了自幻象分離裡覺醒出來；你在這裡是為了要知道並經歷體驗你自己和上帝同一體；你在這裡是為了找到你回家的路。

當下這刻是家門口，當下這刻是你的家，當下這刻顯現展露同一體，而所有在當下這刻的一切都是上帝活在存在現在的顯現，並且揭露了地球就是天堂。

如果你能精通熟練完全處在當下的這門藝術，那麼你就學會了這主要的功課。

你會把你自己自頭腦想法世界的囚籠裡釋放出來，你會戰勝克服幻象和分離，你會回歸同一體。

這是能解救你靈體的功課，不用等到你死的時候而是馬上的，當你愈來愈扎根於存在現在，靈體就超越改變了，靈體就康復了，靈體就回歸同一體了。

學習主要的功課，就是成為你靈體的救世主，透過你的努力，你的靈體被送入意識經歷體驗永生不朽，而這樣，你真的是你靈體的主宰啊！

第九章
上帝和永恆空間的存在

認識上帝的障礙，
就是相信上帝。

一個完美的世界

有一個世界存在於我們所認識的世界，自有時間開始他就是完美的存在，他是一個永恆的、等待著被發現的隱形世界。

他是一個非常美麗的世界，他是令人驚嘆和驚奇的世界，他是迷人夢幻般的世界，沒有時間、永恆和完美。

他是個活生生的世界，不但可輕易觸及到，而且和你的每一刻有關，你可以經歷體驗到樹木、花朵、鳥兒、動物甚至和昆蟲都是愛的夥伴，共同與你分享這完美的世界。

這是個隱匿的世界，他藏在你所居住的世界裡，他是上帝的世界，他是現在這裡，他是天堂在地球。

天堂在地球展現出來

在那更深層的存在現在，你會和活在所有在當下的事物核心中那存在現在的上帝相遇，而在這深層的存在現在裡，天堂在地球展現出來。

上帝是——

上帝是一，上帝是整體中完整的一，上帝是寂靜的存在現在，是存在所有在當下事物的核心，上帝是永恆的存在即是如是，上帝是永恆整體的，上帝即是如是。

上帝比你想的要近

當我說到上帝，我不是指在你外面的上帝，或是在遙遠天國的某個存在體，上帝比那近多了，每一件在當下這刻的事物就是上帝，當下這刻就是上帝的顯現。

認識上帝

上帝是無法用頭腦認識了解的；在頭腦的層面，我們用我們的想像創造出上帝，我們試圖把上帝形象化、個人化、具體化，所以我們才可以有東西讓我們相信，而只要我們繼續相信上帝，我們將永遠無法經由直接的經歷體驗去認識上帝。

上帝是真實的，上帝在現在這裡，不過我們卻不是，我們大多數存在於頭腦的世界裡，也就是過去和未來中；要認識上帝，你必須來到當下這刻上帝所在的地方。

上帝不是幻象

世界上人類頭腦想法的世界是幻象的世界，這是上帝唯一不存在的地方，因為上帝不是幻象。

上帝既是造化，也是造化的本身

上帝既是創造者也是創造的本身，造化和造化的本身都是上帝，很難發現上帝是造物主，卻很容易發現上帝是造化的本身、天地萬物是上帝創造的，每一個實質的形體是上帝的化身，將你自己帶入當下和上帝的化身在一起，那你就和活在當下這刻所有一切事物中存在現在的上帝相遇。

上帝的形體

每座山，每個石頭，和所有砂礫皆是上帝的化身，每朵花和每棵樹上的每片葉子皆是上帝的化身，海洋和所有包含在海洋中的一切也皆是上帝的化身，每一顆行星和宇宙中每一顆遙遠的星星也都是上帝的化身，你所吃的食物，你所喝的水，和所呼吸的空氣，全都是上帝的化身，所有所有實質的存在都是上帝的化身。

相信上帝

相信上帝是認識上帝的障礙，相信是頭腦的運作功能，而我們只能經由直接的經歷體驗來認識上帝；相信只是當我們不認識上帝時採取的手段。

上帝無所不是，而上帝也是空無

真正的真相和事實是，什麼都是上帝、空無也是上帝，沒有什麼不是上帝，即使空無也是上帝。

空

當你處在當下，你的頭腦是寂靜的，想法停了，過去和未來消失了，你的意見、概念和主意也都溶解化掉進入空無中。

有些人經歷體驗到這空的狀態，卻帶給他們一種什麼東西不見了的感受升起，不過並不是空，而是充滿，當你處在當下，你充滿了寂靜，你充滿了空無，所以放鬆讓自己變得充滿空無吧！

在寂靜中

直接經歷體驗上帝使我們沈浸在完全的寂靜中，我們完全浸入在「現在」，這一刻所有的分離消失了只有同一體在，只有上帝在，只有永恆在，只有「在」存在，沒有想法，只知道你在上帝裡面，而上帝在你的裡面，你和上帝同一體。

上帝是無所不在的

上帝是無所不在的，對宗教的信仰者而言，這是令人感到非常安慰舒服的，而對神祕學家，那些活在當下的人而言，卻是真實的生活方式。

上帝在內在

上帝存在你內在那寂靜的核心，當你覺醒你內在的上帝，你會發現你外在一切存在的上帝，而且你內在的上帝和外在的上帝之間的差別對比，也會在你進入與上帝同一體時消失不見。

心的痛苦

在二〇〇〇年十一月，六月靜修的最後一天，愛瑞恩舉起手分享。在靜修剛開始的幾天，由於她的癌症和不久人世的緣故，她經歷了肉體巨大痛苦的折磨。

「對我而言這幾天真是不可思議，我感覺被在場的每一個人呵護滋潤著，但是肉體的疼痛壓倒一切，使我無法真正的處在當下，我會不知不覺的和我自己及在場的每一個人分離開來，最糟的部分是我感到和上帝分開了，而這實在讓人難以忍受，我接受死亡，但是在我死之前，我想要經歷體驗到上帝。」我邀請她到台前來，坐在我身旁，過了一會，她放鬆下來浸入當下。

「現在去感覺疼痛，不論他是在你身體的哪裡，專注與他同在當下，我會引導你進入疼痛的核心。」我看她跟隨著我的引導，我就繼續了。

「我要你走向疼痛的核心，就好像你進入颱風眼，完全地去感覺那疼痛並且走入他的核心。」當我的意識感到她已在疼痛的核心時，我問她，她經歷體驗了什麼。

「他是個黑洞。」她回答。

「專注和這黑洞同處在當下，他在你的面前嗎？你看著他嗎？他在哪裡？」

「他在我的下面。」她小聲地說。

「我將邀請那個黑洞升上來擴大包圍你，你只要放鬆的處在當下，你有感覺到這一切現在正在發生嗎？」她回答她能感覺到。

「這個黑洞是不是有無限擴大的樣子？」

「是的。」

「他是否寂靜和平呢？」

「是的。」

「是否靜止呢？」

「是的。」

「盡你的可能來描述它，是空洞的或是充滿空無的呢？」我問。

「他感覺充滿，不過那兒什麼都沒有。」

「放鬆並進入這無窮無盡的空無中，和他同處在當下，全然的接受他。」她放鬆下來，過了一會，她似乎處在一個內在極度喜悅的狀態下，我沈寂了幾分鐘問她的體驗。

「感覺好像我在上帝的手裡。」她回答。

「很好，放鬆的深入他，感覺你內在那存在現在的上帝。」我停頓了一下再繼續我的引導。

「問問上帝，這是否是同一體的一刻。」

她進入寂靜、沈默的問，然後點點頭。

「問上帝這一刻的同一體是否是永恆的。」

再一次，答案是肯定的。

「詢問寂靜，上帝是否永遠永恆地和你在一起。」

當上帝回答時，她大聲的說出來：「我一直都和你在一起，我不能離開，我是當下這刻，而且我是當下這刻所有的一切存在，包括你的疼痛，當下這刻怎麼會離開呢？不是我離開，是你離開！」

「如果我留下來和疼痛同處在當下，我會和你保持連繫嗎？」

「和在這裡所有的一切同處在當下，包括疼痛，那你就會一直感覺到我存在現在。」

「我會感覺到什麼?」

「你會經驗到我是寂靜、和平與愛。」

最後,愛瑞恩睜開眼睛,她容光煥發的向房內四周望去。

「你在這一刻有什麼感受?」我問她。

「我覺得好極了,」她說,「我都不知道和上帝連繫竟是如此地簡單,太感謝你了!」

「很好,現在這一刻你有任何肉體疼痛的感覺嗎?」

「沒有。」她回答,「我只感覺到愛。」

同一體

在存在現在的最深層,那兒是沒有分離的,那兒沒有個體,向上帝祈禱是沒有任何意義的,誰在那兒祈禱呢?又向誰祈禱呢?那兒只有「一」也就是「同一體」啊!

不過你不會一直存在這個存在現在同一體的層面體,當你以個體在時間的世界裡運作時,你就會有機會去經歷體驗你自己和上帝,而那是多麼大的祝福啊!要深深的感恩啊!

眞正的祈禱

活在當下就是真正祈禱的狀態。

感激

最重要的是，上帝回應的是感激的能量。

愛的上帝

有些人發現他們很難向上帝表達他們的愛，而實際是他們對上帝很生氣很火大；他們怪上帝他們疼痛的經歷體驗；他們怪上帝他們自身遭受的苦，或者是他們所愛的人所遭受的苦；怎麼一個有愛心的上帝會允許痛苦的存在？

所以他們轉身背對上帝不再面對祂，他們關閉那愛上帝的心靈，而這通常是在無意識層面經歷體驗的，起因常常是很久以前的前世。

關閉上帝就是關閉當下這刻，而當下這刻卻是上帝的顯現，那些關閉上帝的人將被帶入那更加遙遠的幻象分離中，並且深深的陷在心中的黑暗層，他們和上帝的關係已經嚴重受損，十分的需要治療。

那些來自過去的傷和感受必須被帶到意識覺知，對上帝恨和憤怒的感受必須完全的表達、承認、告白出來，上帝是不會審判你也不會拒絕你的，上帝會因此更加愛你，這會使你恢復你對上帝的愛，這會治療你的心。

和上帝交融

祈禱、靜心、誦經、唱聖歌、歌唱、跳舞、有節奏的連續彈奏等，所有這些好方法可以使你不局限受制於那狹隘的頭腦世界，進入寂靜，充滿活力的和上帝交融，發揮創造力，找到你自己和上帝連繫的方式。

誘惑

我執有用不盡的手段方法誘惑你，讓你離開當下這刻。

我執可以用未來會達成的承諾誘惑你，可以用給你所有過去事物的知識見聞來誘惑你，也可以用在未來的有一天你會開悟來誘惑你進入他的世界。

你說上帝怎麼和他競爭呢？上帝的世界被局限在現在這裡，上帝只能用已經在這裡的一切吸引你，而不是已經過去或將會來的吸引你。

搜尋的旅程

有一個男人在尋找快樂的要訣，有一天他正巧碰到一位坐在路邊休息的聖人。

「我在哪裡可以找到快樂呢？」

「在這裡。」聖人回答。

這個男人看看四周圍。

「但是這裡什麼都沒有。」他說。

「這裡什麼都沒有。」聖人回答，「因為你不在這裡啊！如果你不在這裡，那你又如何知道這裡有什麼呢？」

這個男人一臉困惑。

「讓自己完全浸入當下，與樹同處在當下。」聖人說，「讓自己完全的和花和鳥和遠山同處在當下。」

在聖人的引導下，這個男人使自己完全的進入當下，而他這樣做時，周圍的一切都開始改變，樹變得充滿生氣和鮮活，他們充滿光輝，看起來是永恆的，花朵燦爛的綻放如彩虹般的色彩，鳥兒的叫聲悅耳動聽、充滿他的雙耳，他可以感覺到微風輕撫他的臉頰，太陽和煦的光溫暖了他，他開始感到極端的寧靜祥和，他的頭腦完全的靜止，他感覺到同一體和完美的感受意識，他沈浸在狂喜和祝福中，他非常非常的快樂。

就在此時有一個聲音自他的內在升起，這是他我執的聲音。

「別聽這個愚蠢的老人！」這聲音說，「他可以給你什麼？不就是幾棵樹，幾朵花，和遠山，那沒什麼，我可以給你的多著呢，而你所要做的就是去想，那就全是你的了，只要你去想像，我就會帶你去那兒，我可以承諾你全世界的財富寶藏，我可以承諾你名聲地位權力和榮耀，問問這個所謂的聖人他能提供這些給你嗎？」

聖人用力的搖著他的頭。

「我可以給你所有過去的知識。」這聲音說，「問問這個聖人，他能給你嗎？」

聖人搖搖頭。

「我可以承諾你美好的未來。」這聲音說，「問問這個聖人，他是否可以做到！」

聖人搖搖頭。

「我可以校正所有你人生中的錯誤，我可以把希望帶給你，問問這個聖人他辦得到嗎？」聖人搖搖頭。

這個男人受夠了，聽夠了。

「那你可以給我什麼？」他問聖人。

「只有處在當下這刻的一切。」

「就這些？」這個男人問。

「除了這些沒有別的了。」聖人回答。

這個男人想了一會。

「沒法比！」「根本不是對手！」這個男人頭腦裡的聲音充滿了勝利感，「根本就不是對手！」

「這裡什麼都沒有，」這個男人說，「只是幾棵樹，一些花和遠山而已。」

追隨著他的我執對他的承諾，這個男人繼續他的旅程。

聖人望著那個男人的背影遠去，消失在路上。

「根本就不是對手！」聖人對著樹、花、和遠山說，「根本就不是對手。」

上帝的試煉

如果你選擇處在當下，那麼那隱匿的寶藏就會漸漸的顯露出來，剛開始看起來沒有什麼，很平常，也沒有什麼可以給你的，你也不能利用他來做什麼，不過這是上帝的測驗。

即使那裡面沒有什麼可以給你的，你仍會處在當下嗎？

為了上帝而不是為了你自己，你會處在當下嗎？

你會只因為處在當下是生命的真理，而處在當下嗎？

你會以你的存在現在榮耀上帝和上帝的世界嗎？

你會為了上帝在這裡嗎？

信任上帝

信任上帝最簡單的就是，活在當下。

上帝永恆的本質

造化不斷地演生，生孕育了死，死孕育了生，造化創造和毀滅破壞是上帝的二分性，有生就有死，有死就有生，有始就有終，有終就有始，這就是上帝的本質。

永恆的現在

沒有很多的片刻，唯一有的是這一刻，而這一刻是「現在」永恆的一刻，所有的一切都發生在這永恆的「現在」裡。

在這一刻，人們步行，鳥兒飛翔，樹葉飄落，花朵綻放，而他們全都發生在「現在」永恆的這一刻裡。

揭開進入奧祕之中

當你完全的處在當下，你就揭開進入存在的奧祕之中，這個奧祕是深奧的，超出了了解的範疇，當你認識到這點，那了解的需求就消失了。

信任上帝

每棵樹的每片葉子落下時都準確的遵照上帝的計畫，在最精準的時間落下來，觀照著飄落下的葉子，他飄落到地面的旅程被上帝完美精細的計劃著，每片落葉在風中的每個片刻，每一個方向的改變和每個飄浮、飛躍、落下的片刻，都被上帝預先安排好了，而那完美的細節甚至在這棵樹尚未進入存在之前，就已安排好了。

如果說上帝對每一棵樹的每一片葉落之旅，都有如此完美的計畫，那麼上帝對你的計畫又該有多麼的完美啊！

接受

信任上帝的意思是說活在完全的接受什麼就是什麼，這並不是意謂著你要消極的活在這個世界裡，而是你以愛、誠實和完整性的活在這個世界上，你過著充滿力量的生活。

不過，如果事情不順你的意時，那麼你就信任不管是發生了什麼事，所發生的一切是為了使你更好。

或許這是上帝給你的一個功課，即使你現在看不到他的價值，但事後卻證明了他是極為寶貴的；又也許上帝為你設計了一個比你對你自己還更宏偉壯觀的計畫。

和上帝競爭比賽

當我們迷失在頭腦裡，以我執在世界上運作，我們就是和上帝競賽誰是創造者，我們創造了我們那幻象的世界，然後我們就注定居住在我們自己的幻象世界裡。

上帝的旨意

不管在這刻發生了什麼都是上帝的旨意，僅僅就因為發生了；在任何片刻去抗拒所發生的一切，就是違背了上帝的旨意，而且每當你抵抗上帝的旨意，你創造了你自己的痛苦磨難。

記得上帝

如果你記得上帝而且活在上帝存在現在的意識覺知中，那麼你那創造力的努力將會和上帝的創造物，完完全全和諧地共處。

你不會去和上帝競爭，你不會創造任何與上帝的創造物相衝突的東西，你不會創造任何東西傷害或毒化上帝的創造物，你不會創造任何會破壞上帝所創造那自然美麗及壯觀的創造，實際上是，你的貢獻只會增添上帝世界的美麗。

你是海洋和海浪

你是海洋和海浪，兩者都是你，在最深層的存在現在，海洋是寂靜的、深邃的、無限寬廣的，並且是靜止的，所有有關你個人的獨特性意識感全都消失不見，也沒有任何分離和表達的意識感存在。

不過當海浪出現時，你恢復了你的獨特性，現在你以獨一無二的方式表達你自己，現在你是海浪，你是海洋以海浪表達自己。

超越奇蹟

在一個我教學座談會的晚上，艾文舉手問了個問題，艾文最近剛從紐約搬來聖塔克魯茲，故此能參加晚上固定的座談會，他那和藹和純真的特質，十分討人喜愛。

「李耳納，你真的開悟了嗎？」

「這要看你對開悟的定義是什麼，如果開悟，你是指存在現在完全覺醒的狀態，那這個狀態的意識一直都是我的寫照，我不曾離開過這個狀態，那麼的確我就是那個開悟；又如果開悟，你是指所有無意識的一切浮現並進入意識中覺知的過程，我可以告訴你，我一直都讓那個過程進行著。」

「那麼你是開悟的！」

「我不能回答你這個問題，艾文，當我真正的覺醒，我是完全地處在當下，我以同一體存在，頭腦沒有想法，而在那也沒有內部的評論解說員，我只是在這裡，而頭腦是寂靜的，那兒也沒有一分為二的觀察者和被觀察者，所以誰會在那評定或定義呢？我處在同一體和在的狀態中，別的人也許認為我在那刻是開悟的，不過我卻不能，很簡單，因為我的意識在那狀態中已經沒有分裂二分性。」

艾文似乎已經放鬆進入存在現在，不過我又看到他的頭腦升起另一個問題。

「你能施展奇蹟嗎？」

「我對那個沒興趣，」我回答，「基督顯了奇蹟，而有誰真的因為這些奇蹟而覺醒的嗎？我很懷疑！最偉大的奇蹟是在當下這刻完全的覺醒，經歷體驗生命的真理。奇蹟只是給篤信的教徒，這些人沒有奇蹟的支持就不會相信他們的信仰，那些真正認識上帝和真理的人，是經由他們自己的經歷體驗而得到，故不需要奇蹟。『生命』就是奇蹟，這一刻就是奇蹟，對我來說足夠矣！」

純眞

一個純真的人是一個願意活在不知道的狀態中的人，對於奧祕方面，則是允許祂保持祂存在的神祕性。

這一刻足夠嗎？

有一天，有一個深入當下的男人，聽到上帝對他說話。

「這一刻足夠嗎？」上帝問他。

「是的，當然！」他回答。

「很好，」上帝說，「那你可以停留下來。」

「如果我說『不』的話會發生什麼事呢？」這個男的問。

「那你就不能留在這裡，你就必須離開當下這刻繼續去搜索尋找。」

「不過，我能去哪呢？」

「你唯一可以去的地方是進入你的頭腦的世界。」

「我在那裡可以找到什麼呢？」這個男的問。

「只是一些空洞的記憶和虛假的承諾。」上帝回答。

「還有一個永遠也不會來到的未來！」

上帝會做什麼？

如果上帝不能把我們叫醒，上帝會用力搖醒我們！覺醒的時刻到了。

與上帝的對話

有一個真正在尋找上帝的人。

「我愛祢。」他哭著說，「不過我不知道要如何找到祢！」

「要靜止。」上帝回答，「要寂靜，處在當下，注意看你就會看到我；注意聽你就會聽到我，因為我無處不在。剛開始會比較困難，因為我是無形的，看不見的，我隱匿我自己，而且我說話很輕柔，你必須成為寂靜的，如果你要聽到我；你必須成為靜止的，如果你要看到我；你必須成為毫無防禦和敏銳敏感的，如果你要感覺到我；你必須成為純真的，如果你要認識我；把你對我的信念全部拋棄放下，因為我是超越信念的；不要試圖去意象想像我，因為我是真實的，是不能被意象想像的；不要用你的想像力創造我，因為我是超乎所有想像的；保持真誠你就會找到我，因為我是愛，而且我一直跟你在一起，你是無法全面的了解領會我是什麼樣子的，所以不要去嘗試了解！只要處在當下，保持靜止，和看，啊！『我是』在這裡。」

上帝的話

「我是全體之內的一；我是什麼都是我，我是一切『有』，我是什麼都不是我，我是『無』，我是開始和結束；我是永恆的寂靜；我是永久的和平；我是即我是；在我的裡面，真理真相會被認識；透過我，所有一切會被揭露；我是你那存在體的核心，我是你的根基；我是你的岩層，在我的上面你可以建你的耶路撒冷（天堂）。」

第十章

存活在時間的世界裡

一旦你覺醒了，
你如何生存活在一個，
很少很少人覺醒的世界裡？

兩個世界

有兩個世界，一個「現在」的世界和一個「時間」的世界，大多數的人都害怕覺醒，他們相信如果他們完全的覺醒，他們就不能夠在時間的世界裡運作。

這在某一個「存在現在」的層面，是真實的，是有可能完全沈浸在當下的時候，時間就消失了，而且在這一刻之外，沒有任何生命的存在意識感，也沒有你自己的那種意識感，那是天堂在地球，完全是超乎想像的。

這是最高層面的意識狀態，你完完全全的沈浸在「現在」這一刻，經歷體驗「同一體」和「永恆」，你沈浸在那奧祕的存在中，這是狂喜的祝福，你沈醉在愛中。

不過這個層面的意識，是無法在時間的世界裡生存的，因為那兒沒有時間，你所知道的生命己消失，無法和這一刻以外的一切外界接觸。

所以我推薦比較溫和開悟的版本，一種可以允許時間世界和沒有時間的世界「現在」溫和的共同存在的版本。

沒有理由為什麼你不能把這兩個世界帶入平衡與和諧，你必須熟練在沒有時間的世界「現在」和時間的世界裡，毫無困難、自由移動的藝術，這樣的話，你就永遠都不會真正地和當下這刻分離、失去連繫。

存在現在使你的生命更美好

存在現在不會拿走你在時間世界裡的生命，他會使生命更美好；又存在現在並不意謂著你不再想，他意謂著你想得更清晰。

立下覺醒的意圖

在覺醒過程的其中一步，就是你必須設定正確的意圖，第一個意圖是每天很多次處在當下，讓當下這刻自然而然深根且擴大範圍，除非活在當下是你生命的首要項目，不然你不能覺醒。

第二個意圖是，當你在時間的世界裡遊玩時，對所有把你帶入頭腦的故事情節想法、主意、概念、意見和信念，你都不會去認同他們，你都不會相信他們所說的一切是真實的，過去的已經不存在了，未來永遠也不會到來，你知道只有這一刻是生命的真理。

我的意見並非暗示在頭腦層面的生命必須停止掉，那是不可能的，也是妄想。什麼是可能的，就是不管怎麼樣，就算我們冒著進入時間世界的風險，只要我們覺醒深入當下這刻，我們就永遠不會和生命的真理失去連繫。

第三個意圖是必須欣然接受，且深入的把你是如何和什麼時候被拉離存在現在的一切帶到意識覺知中，這會使你成為熟練精通引導我執和頭腦那真正的主人。

第四個意圖是在這覺醒的過程，有意圖地去做一個愛和真理的生命表達呈現者，就算是你在時間的世界裡運作，你不再以我執存活在分離的世界裡，你現在以完美的客觀性和永恆空間層面的你聯合的方式存在和表達你自己。

第五個意圖，是要精通熟練地掌控存在時間世界裡的二分性世界平衡的藝術，而這是可以在超越批判看法下完成的。

在當下這刻，是沒有問題的

在當下這刻，沒有問題，有的只是需要回應的狀況。

當你處在當下，你不受狹隘的過去所拘束限制，所以你的回應總是適當合宜的，不複雜且有效率的。

就算你的車子在鐵路十字路口熄火，而火車正在接近中，你也沒有問題，你只是有一個在當下這刻的狀況要去回應罷了！

一個覺醒的生活

一個覺醒或開悟的人主要是生活在當下這刻，甚至在他進入頭腦和時間世界裡運作的時候，當下這刻永遠被認為是生命生活的真理。

一個開悟的人活在愛和接受的狀態中，分離的幻象消失了，他或她帶著強烈萬物同一體的感受意識活著。

一個開悟的人是活在沒有任何批判看法，恐懼害怕，和欲求中的，這是一種持續在客觀性和永恆空間存在的覺醒。他或她是憐憫慈悲的，行為永遠是正直而誠信的，他或她是不可能會不誠實的。

一個真正開悟的人看所有眾生皆平等，包括了動物界、自然界和一切有情無情的生命，開悟的人是絕對不可能故意去傷害任何眾生的。

超越改變

在不斷的變化之中，一個開悟的人知道他自己或她自己是那永遠不變的「一」。

豐富

當下這刻持續地獻給你無限的寶藏，讓你充滿喜樂。

與那遠山夕陽、落日餘暉同處在當下，或者是和一隻翱翔空中、飛入雲端的鳥同處在當下，或與輕柔拍打海岸的海浪、流動的小河、盛開的花朵同處在當下。

與海洋上那一輪明月溫柔的光同處在當下，與兒童純真的笑容、飄落的樹葉、鳥兒的歌聲同處在當下，與雷鳴和閃電同處在當下。

如果你專注在上帝那自然世界豐富充沛的資源上，那麼你生命的每一個層面都是充滿而盈溢的。

表達你自己

當你完全地處在當下，沒有表達的呈現，你是完美的寂靜沈浸在「現在」這刻，是處在「在」的狀態，你超越了你的獨特性。

你的獨特性是升自你的表達中，正是經由你的呈現表達出你的特殊性。

追求卓越

追求卓越，超凡入聖的完美比追求成功要好。

生命的目的

存在這裡的根本目的就是活在這裡，也許你有第二個在這裡的生命目的，不過要是沒有存在現在的覺醒，就沒有什麼價值。

讓生命做你的導師

每一個你遇見的人，每一件你生命中的事件，都會揭露一些訊息給你，在你覺醒的旅程中幫助你。

你不需要全部的時間處在當下

你不需要全部的時間都處在當下過覺醒的生活，只要你根植在真實的當下這刻，進入頭腦和時間的世界是非常適當和安全的。

你必須報稅，你必須記得牙醫的預約，沒有頭腦，你是不能完成這些簡單的任務的，你甚至不知道你的名字。

只要你知道生命真理存在的根本是當下這刻，你可以用你的意志自由的進出頭腦那虛擬的世界裡。

不過呢，我建議你，你要嚴格的限制每一次進入頭腦旅行持續的時間為兩個小時，過了兩個小時後，回來花一、兩分鐘待在存在現在中，這能幫助你保持和當下這刻的連繫，尤其是在覺醒的初期。

當你上班工作時，當然你一定會思考會想，不過偶爾也喘息暫停一下、離開你的思考想法，把你自己帶入當下與立在牆角的盆栽同處在當下，與你桌上擺放的筆同處在當下，或與隔壁辦公室傳來的談話聲同處在當下。

進入頭腦裡就是進入幻象的旅程，要明智的和本壘保持接觸，要不然你可能會迷失，找不到回家的路。

在無意識的世界裡保持意識的覺知

當你覺醒，你仍然必須承擔你在時間世界裡生活的責任，你必須去工作，或做些什麼賺錢供應你的需要。

而你要如何達成方不至於迷失在頭腦裡呢?你如何讓自己在一個幾乎每一個人都專注在過去和未來的世界裡保持留在當下呢?又當你自己已不再受恐懼和欲求所支配操縱,也不再被未來會達成的承諾所誘惑時,你要如何生活在一個滿是恐懼和欲求的世界裡?

只要你不被我執的欲求或恐懼牽著鼻子走,存在現在的本質就不會失落。

不要和別人比較,放下批判看法、控制、玩弄、操縱的思想行為模式,不要隨著我執的催促、渴求和習慣性走,也許你會花一點時間克服這些習慣的模式,不過如果你真誠努力地去做就不難。

盡可能的選擇處在當下,以意識覺知的意圖進入,把我執的意志呈獻給你那較高層次空間的存在體,並榮耀當下這刻是生命的真理,處在當下,負起責任,誠信而正直,感覺你的感受,知道你要的是什麼,片刻接著片刻;處在當下會透過生命傳達你片刻接著片刻的持續不斷的更新你，使你新生。

不要害怕在時間世界裡運作活在表層的存在現在，真實的你是不會迷失的，這只是保持平衡的問題，只要存在現在的覺醒狀態是你人生的基石，你是不會走叉路的。

過一個自主的生活

過一個有自主力量的生活就是你知道你想要的是什麼，你知道你不想要的是什麼，而且你能清楚明白又和藹親切地表達出來，沒有任何的附帶條件及外來的依戀。

當然你可以折衷處理採取中道，不過不要離當下太遠，以致於你不能再真正的面對你自己。

你最大的力量事實上是，你能離開任何你不喜歡的狀況，你可以離開幾分鐘，你可以離開幾小時，你也可以永遠的離開，這意思就是說你永遠不必再做個受害者。

你想要什麼？

有一天，上帝安靜的坐著，讓許多人有接近的機會，第一位是二十初頭的年輕人。

「你想要什麼？」上帝問。

「我不知道。」年輕人回答。

「那麼我無法給你你所想要的，」上帝說，「等你知道了再來。」

第二位是一位三十幾歲的女士。

「你想要什麼？」上帝問

「我渴望被愛，但我覺得自己不值得被愛。」

「我不能帶給你，你那覺得自己沒有價值的感受，」上帝說，「先治療你的傷，等到你知道你是值得被愛的時候，我會把愛帶入你的生命裡。」

接下來接近的是一位四十歲的男士。

「你想要什麼？」上帝問。

「我想要在鄉村找一棟房子，這樣我才能過一個安靜和平的生活。」這位男士說。

「不過，我也想要有城市那些令人興奮刺激的事物。」

「我無法給你你想要的，如果你自相矛盾、自我衝突的話。」上帝說，「等你真正的下定決心要住在哪裡後，再來，只有那個時候我才能給你你想要的。」

接下來是一位五十歲的女人。

「你想要什麼？」

「我想要名聲、金錢和成功，」這個女人說，「我想要難以置信的富有。」

「我會給你你想要的，」上帝說，「不過這是為了教育你那是不能夠滿足你的。」

再來是一位六十歲的男人。

「你想要什麼？」上帝問。

「我什麼都不要，」這個男人說，「在我看來我已經什麼都有了。」

「很好，」上帝說，「對你，給與的會更多。」

與上帝共同創造

在那存在現在的最深層，你不會與上帝共同創造，你認識知道上帝是唯一的造物主，而你那所有創造的欲望和需求完全地滅絕不存在，你完全沈浸在同一體和永恆中，你與上帝的造化同在，並處在真正的謙卑和感激的狀態中。

不過當你參與時間世界裡的活動時，有創意的想法和表達是可行和適宜的，你可以和上帝共同創造，你可以和上帝合作。

就如同上帝在那創造你想要的戲裡所扮演的角色一樣，你也扮演著相同的角色。

我記起一個故事，曾經有一位蘇菲家，過著簡單的生活，和他摯愛的駱駝遊走沙漠，他完全的獻身於上帝，而且對上帝完全的信賴。

有一天，黑夜來臨，他開始搭帳篷，這是每天晚上的例行事項。

他吃過麵包和扁豆的簡單晚餐後，在他要拴牢駱駝的牽繩時，他突然想到，如果他真的信賴上帝，他就不該繫上牽繩，他應該信任上帝會照顧他的駱駝，而牠們第二天早上應該會在那兒耐心等他睡醒過來。

「我完全的信賴你，」他告訴上帝，「請照顧這些駱駝。」

他那天晚上睡得很沈，隔天早上，他走出帳篷問候他的駱駝，他看了看四周，傻住了，嚇呆了，接著恐懼和悲傷淹沒了他，駱駝不見了。

「我不了解！」他哭著問上帝，「我愛你，我完全信任你，怎麼會這樣，我的駱駝不見了？」

然後他聽到上帝這樣回答他：「你有手，由你拴住駱駝。」

就像這個故事中的蘇菲家，你在你那創造你生命中想要的戲裡，你所扮演的角色一樣。第一步是要非常清楚的知道你想要的是什麼，要十分的精確，把那個想要的完美細節告訴上帝，然後做你該做的部分，只要能帶給你你生命中想要的就去做，帶著勤勉用功和愛，努力的去做。

獻身於教師

有一個明顯的傾向趨勢，那就是將真相真理的源頭投射到別人身上，這種傾向趨勢常常是發生在我們和教師的關係上，進而形成真正覺醒的障礙。

一個星期四的晚上，在科爾特馬德拉（Corte Madera）的座談會上，羅拉舉手發言，她是一個很認真堅決的女性，最近才參加過我舉辦的五天靜修活動。

「我感到困惑，」她說，「有一部分的我想要把自己完全的奉獻給你，我可以感受到那奉獻的能量自我的內在升起；不過另一部分的我感到害怕，我不信任你，我想逃離你。」

「這是十分自然的，」我回答，「當一個人與你一起深處在當下時，那是多麼美麗的經歷體驗，這是我們彼此所能分享的最完美的禮物。你會對我有愛的感受是正常的，不過危險的是你會把愛的源頭向我投射，致使你迷失在你的奉獻裡。」

她感到很困惑，因為這麼多年來她一直都是這樣對她的師父。

「在這個星球上，有很多人鼓勵你投射並支持你的奉獻，他們想要你把自己獻給他們，這就不足為奇為什麼在你的奉獻中會升起懷疑心，不信任的副產品。」

我停了一會，讓我的話可以被吸收。

「一位真正的老師，絕對不會允許你把愛的源頭向他投射，他或她會很有技巧的把愛反射回去，還給你，直到你認識了解到你所感覺到的愛是自你的內在升起的；一位真正的老師會堅持你把你所有的投射全部收回去，這包括了肯定和否定；一位真正的老師不會允許你把自己迷失在奉獻中。」

我看得出她放鬆了下來。

「在這一刻你感受到什麼？」我問。

「我感到深處在當下，」她很快的回答，「而且我感到對你強烈的愛。」

「真是太美麗了！」我告訴她，「這是最自然不過了，如果你和我一起深處在當下，你會對我有愛的感覺，就如同我對你有愛的感覺一樣，現在自我這兒移開，轉向這些花朵。」她在深處當下中轉向花朵，與桌上的花朵同處在當下。

「現在你的感受如何？」我問她。

在她回應的時候，她看起來光芒四射，「我感受到對花朵那強烈的愛。」

「很好。」我說，「現在如果你望向遠山，你會感到遠山的愛。每當你處在當下，你的愛和每一樣你同處在當下的事物，都會向你反射他們的愛。」

地球和平

我們每一個個體，組成集合的共同體，無論什麼發生在集合共同體上的，皆會反射在我們的個體上。

如果你想要地球和平，那就向和平聚集前進，寫信或從政；努力的加強你自己和他人的自主力量，不過首先要做的是面對你自己的黑暗面，那是因為對黑暗面的否定否認，會使無意識在很多方面顯露出來，不只是影響了你的生命，也影響了這個世界。

只要你擁有和承認你自己內在的黑暗面，對黑暗面沒有任何的批判看法，那你就轉化改變了他們；當你超越了對與錯，是與非，好與壞，正與邪的二分性，你就覺醒進入同一體內，這是唯一能真正造成不同，將永久和平帶入我們世界的方法。

如果你認為自己是屬於好的善良正義這一邊的，而你的對手是屬於壞的邪惡的那一方，那麼你就陷入一個永遠也打不完的仗裡面，要知道沒有惡何來善，但是你們卻各自下定義對立而敵、相互爭鬥，如此持續不止，而這宇宙的遊戲將永遠的繼續下去，因為這是二分性的本質，是二分性的自然性。

當你太涉入太投入，或認定你的理由、原因或者是議題，你就會迷失在夢裡，最好快醒過來，這比在夢裡演一個好的角色好太多了，因為你的敵人同你一樣的堅信他是對的；但誰是對的？誰是錯的呢？這完全依我們自己所處的處境狀況而定。

根本就沒有對或錯，有的只是有意識或無意識；這需要很多的個體超越二分性覺醒進入同一體，才能對集合共同體的意識層面產生效應，故要盡力去達到這決定性的集合體，直到這關鍵決定性的集合體達到前，你只能盡你的力而為之，做你能做的，例如結束終止我們世界上殘暴、不公義、不公平和凌虐的行為，你要一直保持使用來自愛和覺醒的意識行動，而不是依從恐懼、恨或憤怒而行。

如果你想要改變世界，你必須改變你自己；如果你想要結束苦難、疼痛和矛盾，你就必須將所有你內在的黑暗和痛苦，帶到充滿光的意識中。

到了最後，你自己的生命會蛻變，因為你把覺知帶給你的我執，並且坦白承認隱藏在你內在的每一個痛苦和黑暗的層面，而這會將你導向深層的存在現在，轉變你的生命。

如果我們覺醒的人數足夠了，那麼這個世界將會重生，得到解救。

第十一章

死亡是生命的一部分

對覺醒的人而言，
死亡看起來如同幻象。

超越死亡

如果你精通熟練的掌控活在當下這門藝術的生活方式，那麼當你離開這個世界時就依然能夠處在當下，而你就不知道死亡，你只知道生命及其在那刻從一個境界的存在到另一個境界存在的轉移，而這就是所謂的死亡；在當下這刻，沒有死亡，只有生命。

死亡是幻象

你唯一可以知道死亡的方式是用你的頭腦，你可以預期死亡，創造對死亡的恐懼；但死亡永遠都不會到來，只是接近，如果你放鬆並停留在當下，你不會去期望它的接近，那麼那兒只有這刻，而在這一刻，沒有死亡只有生命的存在。

永恆的生命

在永恆存在現在的最深層，你永遠的在那兒，而且你一直會在那裡，這就是基督當時所說的意思。

「在亞伯拉罕之前，我是。」

接受死亡

我有瀕臨死亡的機會，當時我幾乎已確定死亡的逼近，而我將要死去。

我投降並說「是」接受。

這在我覺醒的旅程期間是個明顯的轉變。結果是，我沒死，不過在那真正臣服投降的那一刻，有些什麼東西在我的內在開啓。接受死亡，是生命存活完整性所必備的基本條件。

死亡靜心

對那些對死亡有著極度恐懼的人，我建議以下的靜心方式，這方式會把對死亡的恐懼帶到意識覺知中，並帶入對死亡的接受和投降。

閉上雙眼與你身體的呼吸同處在當下，讓自己與片刻接著片刻圍繞在周圍你所聽到的聲音同處在當下，與輕撫你臉的空氣同處在當下，與你所處的空間及圍繞著你的感受同處在當下。

如果你真正地處在當下，你會感到寂靜、和平與平靜，經過一或兩分鐘的處在存在現在中，對上帝說這些話，上帝存在你內在寂靜的核心，從寂靜說向寂靜，在寂靜中與上帝對話。

「摯愛的上帝，我準備好了，如果這是祢的旨意，那我就死，我準備好投降了，祢現在可以帶我走了，我把自己完完全全的交給祢了。」

這之後停留在當下三分鐘，處在那準備完成和臣服投降的狀態中，如果在這三分鐘內你沒死，那麼說這些話。

「感謝祢，上帝，我接受祢賜給我這額外的二十四小時能待在這裡，完整的享有生命的喜樂。」

每天重複這靜心方式，持續一個月。

爲什麼死亡如此痛苦

這是我和我的一位學生瑞克曾有過的一次對話，瑞克現在已是我親密的朋友，在我們對話的幾個月前，他得知他的母親因為癌症即將不久於人世的消息，他火速的趕回加拿大，陪伴他的母親。在陪伴的那幾個月，他眼睜睜地看著母親日漸枯萎而亡，他未能妥善處理他母親往生的過程，眼睜睜地看著母親被疾病折磨，實在令他痛不欲生、無法承受，這整件事的經歷留給他的是完全消沈的意志。

「為什麼死亡是如此的痛苦？」他是那樣真誠的問我，我深受感動。

「死亡如此痛苦是因為我們依戀執著我們所認識的生命，我們依戀執著我們所愛的人；我們依戀執著人和物，我們甚至依戀執著我們日常的生活習性，死亡結束了那一切，而在死亡之後緊接而來的是進入未知的旅程，我們會害怕是自然的，我們為我們自己害怕，我們為了我們所愛的人害怕，而最主要的原因是我們害怕『未知』。」

「我該如何超越對未知的恐懼？我該如何超越對死亡的恐懼？」

「如果你在死之前就絕對肯定的知道你在死後會繼續存在，你就會放鬆下來，因為你知道死亡不只是結束也是開始，而這只有在我們完全覺醒進入當下這刻，了解認知到我們永恆存在的天性時，才會得知；也只有當我們能夠完全的和死亡合作的時候，才能開始完整的過生活。

要和死亡有良好的關係的話，我們必須學習讓剛剛已過去的那一刻死去，然後我們重新繼續進入當下這刻生命的所在處，死亡並不可怕，可怕的是沒有完整的過生活，生命沒有完整的經歷。」

瑞克在反射我的話的同時，挑起了他內在深處的騷動。

「你現在有什麼感受？」我問他。

「很哀傷。」

「閉上雙眼，並真正的進入哀傷的感受，」我溫和的催促著，「不要拒絕他，不要掙扎反抗他，就讓他做他自己，呈現他的本來面目。」

他以前就和我一起做過，故而能很快就進入狀況，完全地感受那哀傷。

吞沒了他。

「如果哀傷的感受能用一個句子說話，表達他自己，他會說什麼？」

「我想你，媽！而且我感到很抱歉，你必須受苦。」一個無法抗拒失去的巨大意識

「那就是了；讓他出來，讓他出現。」

罪惡感流了出來，先是生氣緊接著眼淚。

「你願意與你的母親說話嗎？」我問，「我可以請她來這裡進入我們的對話，這也可以給你一個機會，去完成任何你與她之間未能完成的心願。」

「你怎麼能辦得到？」他透過淚問。

「這是我其中一次覺醒，內在打開後所帶來的禮物，我可以請你的母親從她靈體之旅的所在處來到這裡，這是超乎你的想像的，經由存在現在的力量，她會確實地出現在你內在的心眼即智慧眼內，你想要我請她來這裡嗎？」

他點點頭，所以我就把他的母親請來這次的對話中，而他的雙眼仍然是閉的。

「你現在是否看到你的母親出現在你的面前?」我問。

「是的!我可以很清楚地看到她,就好像她真的在這裡,我幾乎能伸手碰到她。」

「你有什麼話想要對你母親說的嗎?請你很清楚的對她說出來,她就會回應你。」

「我好想你,媽,我感到很難過,你在醫院受了那麼多的苦。」他開始感到罪惡感。「你是那麼的勇敢,我好想能多幫助你一些,也努力地想要讓你舒服一點,我也沒告訴你我是多麼的愛你。」

「她是怎麼回應你的?」我問。

「她告訴我關於她的死,她說她在死的前一天,發現到和平,並知道沒有什麼好擔心的,她感到自己完全地被溫暖和美麗的愛包圍著,完全地被保護著,她對她即將要去的地方十分地期望。」

我引導他和他的母親進入深層的交融,最後,他睜開眼睛注視著我。

「在她死的時候,我沒能和她在和平的地方相會,」他解釋,「我深深地陷在我自己的悲傷中，不過李耳納，就在剛剛你的引導下，我得以和她在那充滿愛的地方相見會合，是多麼的美好啊！這是我自己無法找到的啊！」

「她還有什麼想要對你說的嗎？」

「她告訴我當她接受上帝的決定，她可以離開她的身體時，這給她帶來極大的快樂，她要我也接受。」

我可以感受到瑞克的抗拒。

「我們本來就是要生活在臣服順從上帝的旨意中，」我告訴他，「無論每一刻發生了什麼，都是上帝的旨意，僅僅是因為他發生了。」

「這是不是說我必須向痛苦投降？」

「你不是向痛苦投降，你只是向你生命中發生的一切投降，即使這牽涉到所愛的人的死亡，你的痛苦是由於你拒絕接受所發生的事創造出來的，你母親的去世對你可以是一個愉快的事件，如果你接受它，並加入她回去時的感恩狀態的話。」

瑞克似乎明白了、了解了，他放鬆了下來，慢慢地深入定在存在現在中，他繼續和他的母親對話，一直到感覺完成了為止。

艾倫和死亡天使

幾年前在紐約，一位朋友也是我的學生雷思麗，問我是否能為她的朋友提供一個私人的對話。而實際上是她的朋友艾倫病得太重不能旅行，所以我必須去她長島的家中拜訪她。

我當然是同意這樣做，在我們約定的當天，我駕車前往艾倫的家中，當我們接近艾倫家時，我訝異的發現艾倫住在一棟有著修剪整齊美麗花園的巨大豪宅，我們穿越長長的車道，停好車，一位穿著護士服、樸實的女士站在門口迎接我們。

我先去了洗手間，雷思麗則去艾倫的房間告知我們的來到，她已經很久沒有見到艾倫了，所以想先和她私下敘敘，在我出了洗手間向艾倫房間走去時，雷思麗在廊道上攔住了我，臉上帶著十分擔憂的表情。

「她的情況比我知道的還要糟。」她告訴我。

我隨著雷思麗進入艾倫的房內，艾倫背靠著一些枕墊坐在床上，她的鼻子和手臂插著輸液管，看起來十分的蒼白，在我看來她可能活不久了。我的第一個反應，是我打攪了她。

「我實在不確定我能幫你什麼忙？」我說。

艾倫的聲音十分衰弱顫抖。

「我喜歡你的書，」她回答我，「你大老遠來，何不多待一會兒？」

她非常的和善，而我對她的純真十分的感動，雷思麗離開房後，我們開始了私人的對話，在開始前我花了五分鐘和她坐在一起。

「你有什麼感受嗎？」我問她。

她停了一會兒，感覺她內在的感受。

「我害怕，我怕死。」她說。

她開始哭泣，我握著她的手和她坐在一起，同處在存在現在中，我直視她滿含淚水的雙眼，似乎沒有必要去否認死亡正在逐漸地接近中。

「感到害怕是OK的，」我說，「只要去感覺害怕，我們都會死，我們都害怕死亡，而且是的，死亡是生命中無法避免的部分，是人生必經之路。」

我們相互凝視，我看見了她心中的恐懼，她處於驚恐狀態中。

「再一次對我說一說你的感受。」我溫和地說，我要她和她的感受連接，我要她去感覺她的恐懼並和恐懼同處在當下。

「我害怕，我不想死。」更多的淚水流出。

「感覺那恐懼。」我說，鼓勵支持她停留在當下，「只要去感覺恐懼，不要試圖去逃離他。」

她回應了我的建議，過了一會兒，眼淚停了，寂靜呈現了好長的一段時間，她緊閉著雙眼，我完全停留在當下和她在一起，最後，她開口說話。

「害怕已停止了。」她說，有點訝異，「我現在覺得很和平。」

她睜開雙眼對著我微笑。

「我感受到深深的和平，好美啊！」她說。

她再次閉上雙眼，放鬆的進入升自她內在深層的和平感。

「太美好了。」她溫柔而重複的說了幾次，眼睛仍然閉著，突然間她整個臉散發出明亮的笑容。

「天使在這裡。」她說，「天使和我在一起。」

她流露出驚訝和高興。

「祂們告訴我，一切安好，沒有什麼可害怕的。」

她突然睜開眼直視著我。

「祂們說是祂們把你送來給我的。」

在沈寂中，我們彼此凝視，她現在和我深處在當下裡，在存在現在這永恆的片刻中，那強烈的愛的感受存在充滿我們兩人之間，她的整個存在體光芒四射，那麼樣的強烈，我幾乎看不見她的臉，她幾乎完全的消失在光中。

「你消失在光中。」我對她說。

「真的嗎？」她問，帶著小孩的純真。

我點點頭，她繼續閉上眼睛感覺。

「還是這樣嗎？」她閉著眼睛問。「我仍然消失在光中嗎？」

「更光亮了」我溫和的說。

而這是事實，她全身都發著光，頭部更是光芒萬丈，我幾乎看不見她的臉，她很放鬆、很高興整個人都化成了光。

過了幾分鐘，於下個顯現之前她說：

「上帝在我的身邊，」她近乎耳語地說，「上帝在我身邊。」

很明顯地可以看出她處在極度的狂喜之中，過了一會，她睜開眼睛。

「非常感謝你，」她耳語的說，「我現在準備好了，可以死了，我不再怕了。」

「你確定？」我問。

她點點頭，帶著微笑，閉上雙眼準備離開她的肉體。

距我們會談結束的時間還有二十分鐘，我陪她坐著處在寂靜和存在現在中，等待著她的死亡，過了二十分鐘，我輕柔的擾動寂靜。

「你覺得怎麼樣呢？」我問。

「實際上，我感覺很強壯，」她說，「我不認為會發生在今天。」

我對她說是我該告辭的時間了，並問她是否要我明天再來一趟，她說是，所以第二天我於同一個時間又來了，這個小時在愉快中度過，她仍然活得好好的。事實上，接下來的三天，每天我都來，而她愈來愈強壯。據我所知她仍然活著，不過我並沒有和她保持連絡。

我對艾倫的經歷是我生命經歷裡最神聖的一次，確認了我的已知，這是很重要的──去感覺和承認我們的恐懼，並且在所有的狀況下和我們的感覺同處在當下，尤其是在死亡這件事上。

墮落

有一件比死亡更糟糕的事，那就是墮落！

真實的狀況是我們全都墮落了，實在是太苦和令人苦惱的，所以我們就把他深深的埋在我們的頭腦裡，完全超乎我們意識可以覺知到的，我們從根本上徹底的拒絕接受我們的墮落，因為那實在是太苦了。

那什麼是墮落呢？讓我很清楚的表明，那就是掉進無意識中，而且全人類都掉了進去。

這墮落是從生命的真理掉入幻象的世界裡，從同一體掉入分離中，從愛、真理和力量掉了下來，從恩典和純真掉了下來，從已知中掉了下來，從上帝那兒掉了下來。

我們無法提升和覺醒，如果我們不能接受我們的墮落。

基督稱那些墮落的人是已死的活人，如果你迷失在你的頭腦裡，你就不能或無法去回應祂那覺醒的呼喚，對祂而言你就死了。

「讓死的人埋葬死的人。」祂告訴其中的一位徒弟。

祂邀請的是那些會回應祂的人，要復活進入生命的人。

來吧！把你自己救贖出來吧！把幻象的世界遠遠的拋在後頭，那是為死的人而存在的，不是為活的人；把你自己自我執和頭腦的世界裡解放出來，經由存在現在當下這刻的門完全地進入生命。

不是那溫馴的人來繼承地球，是那些覺醒並提升至主宰自己的人承繼地球；這是你的定命，這是履行實現上帝對你的託付，你對上帝的服務，這是完成你的靈體之旅。

而且當你完全完成了你的旅程，從根本上駐足於存在現在中的時候，你就可以正式宣告。

「上帝，完成了，我終於到家了，我在家了，在『現在』的世界裡。」

然後天使會歌頌：「哈利路亞！」

獻給感興趣的人

覺醒

在下面這章，
我描述了我的覺醒過程，
我的覺醒是突如其來的，
不過你可以漸進的達成。
不管方式如何，結果都是一樣的，
我們到頭來都在相同的地方——
這裡！現在！

第一次覺醒

一九八一年二月，我參加了一場在澳大利亞傑士買靜修中心舉辦的個人成長一週密集課程，這個工作坊十分棒，在那七天中，我完全的投入，所以收穫豐富。

工作坊結束後，我往河邊走去，那是我們每天游泳，享受清涼的快速水流的地方，我站立的前方有一些陡坡，在陡坡的那端有一個很深的游泳涵洞，在河的另一端則是高聳入天的茂密森林斜坡。

陽光溫暖了我的身體，我站立在河岸，感謝這美麗的自然景觀。突然間，我發現自己不由自主的進入了靜心，就這樣持續了十五到二十分鐘，我不知道發生了什麼，或我在做什麼，只知道靜心在我身上發生了。

每個靜心的發生都是自動且毫無計畫的，是經由奧祕的方式，把我從內在向外移，我感覺我的手臂張開了約十分鐘，我的手臂伸展開來站立著，並且深入當下，與河對岸的樹同處在當下，我以意識擁抱並和他們一起進入同一體的層面。

發自我的內在，我感受到他們那寂靜的輝煌壯麗，和他們那堅強巨大的耐力。

大約過了十分鐘，我慢慢的走入河中，由於前一天剛下過雨，河流的水位相當高，我面前的水急速流過，淹沒大石，很難站得穩腳，不過我仍然設法走入河中，即使河的流速湍急。

水深及胸，稍微再低一點點，我逆流而上的前進。在正常的情況下，我是不可能站著抗拒那急流的，我一定會被沖走，不過我的內在有大樹群，我感到一種不可思議的大力量和穩固，我勇敢的以我的毅力和意志抵擋急流。

我與急流對峙了約十分鐘，然後在毫無預警下，被急流的水沖入了，下游游泳的涵洞中三、四次。

我自然的潛入深水中，游泳的涵洞很深、很混濁，我覺得自己潛入一個很深的黑暗中，當我浮出水面，我發出了一個聲音，我只能以原始的怒吼來形容，那聲音在整個山谷回響，好似發自我深層的內在，我似乎在向全世界宣告，我終於到達了，我重複這個過程三次，而且每一次自水面浮出皆發出原始的吼叫聲。

之後我又被急流沖擊了三、四次，向前推進，進入急流的中心，我完全的順服於河流，順著水流，我完全的放開了，讓水流載著我走，我的眼睛是閉的，臉朝下，我被沖越過大石卻一點也沒想到要保護我自己，因為我是很有可能輕易的就受傷或被擊昏而失去意識的。

不過呢，我完全的臣服於河流，並且信任河流。

河的流速在四分之一英哩處慢了下來，在我朝岸上走去的途中，我可以知道自己完全處在不同的空間裡，我處在意識變更轉換中，這是我第一次經歷體驗到覺醒，而我卻完全沒有一點概念，在當時我到底發生了什麼事。

到目前為止，在我的人生中，從來就沒有任何的準備要去經歷體驗我在河中所顯現的一切。

時間消失了，我完全沈浸在愛和同一體中，沈浸在神聖和聖潔神性中，一切都是那麼地完美，一切都從內在點燃，我完全處在法喜充滿祝福的狀態。

在那瀰漫著幻化魅力的空氣中，我獨自朝著河邊的路走去。

我覺醒進入那無以言喻，無法用語言形容的美麗世界，我完全沐浴在聖潔光輝的愛中，我發現自己不斷重複的說著「我愛你」，一遍又一遍，無法停止，我對在草地上吃草的牛說我愛他們，我對樹說我愛他們，我對藍天和雲說我愛他們。

愛之歌，一首我從未聽過的歌曲，開始自我的內在不斷的向外播送。

所有我看到、聽到的一切都被我的愛所擁抱，我覺得自己如同聖法蘭西斯一般的走在石頭路上，所有的存在都是完美的，我的感受意識充滿了驚奇美妙。

我獨自散步了幾個小時，最後決定回去靜修中心，當我回到中心時天色已暗，我走進臥房，團體中成員均聚集在那兒，我感到自己毫無抵抗力，我無法開口和任何人說話，可是我想跟他們在一起，我坐在床上注視著他們。

沒有人和我說話，好像我不存在一樣，我對每一個人都有巨大的愛，和驚奇的感受意識，我坐在床上看著他們，友善融洽的交談著，一件非比尋常的事開始發生了。

我可以看見他們彼此交談，他們的嘴在動但卻聽不到他們的聲音，好像聲音不知怎麼的被關掉了，而且一切的動作都如同慢動作播放，我注視著他們的臉，可以看到隱藏在他們所呈現的臉的後面那張臉，外在的臉不是他們真正的臉，在那快樂的臉後面，我看見了沮喪，在那笑臉後面我看見了眼淚。

在房內坐的那些片刻，沒有什麼可以在我面前隱藏的，好像我有X光雷射透視眼一般，我對那些人沒有成見、批判看法、分別心，事實上我對他們充滿了愛和憐憫心，不管怎麼說，這次的經歷體驗實在是太不可思議、太令人震撼了，我以前從來就不知道有這種事，我完全對發生在我身上的事一丁點概念都沒有。

過了一會兒，我們一起到主屋用餐，傑士買靜修中心，是艾恩（Ian）和羅賓湯耳

（Robyn Towner）經營的，幾年前，他們收到強烈的訊息要建立這個中心，即使他們當時並不知道為什麼要做這件事，他們和這塊地、樹和河流有著強烈的連繫，他們長期的努力創造美麗的花園及大片的花圃、灌木和樹林。

艾恩是個奇妙又神祕的男人，過去一星期，在壓力下，他和羅賓對他們的客人照顧得無微不至，充滿愛和奉獻，我走向艾恩，問他是否有什麼要告訴我，我有種強迫感要我這麼做。

他奇怪的看著我，然後搖搖頭。

「我沒有什麼要對你說的。」他說。

我感到十分困惑和一點的不好意思，我不知道我為什麼要問他這個問題，過了幾分鐘他朝我走來。

「我是有一些什麼要告訴你，」他說，「那時候我不知道，不過剛剛浮現出來了，是一個很清楚的信訊。」

「是什麼？」我問。

「你不能擁有任何東西。」他説。

我並不是非常了解他這個信息的涵義，不過過了一會就變得清楚明白了。

他幫助我了解到發生在我身上的一切並不是我所能擁有的，對所發生的一切我不能把他們變成我個人的證明，這個信息幫助我預防我的我執利用這個經歷體驗自我膨脹。

覺醒接下來的幾天，我被帶入一個治療的過程，這個過程向我揭露我是如何在兒時及成長這一路來遭受情感情緒的傷害，以致我變得失去運作功能，我的恐懼和不安全感均被帶到表層讓我可以看到，所有我人格上的缺陷和毛病都很清楚地呈現，在我面前且不帶有任何的批判看法，所有我人生的事件及兒童時期的事件均被復原，帶入意識的覺知中。

在這不斷進行的過程裡，我開始對我自己感到十分的憐憫，我打開並進入了更深層的愛，整個世界都被愛燃燒著，一切都那麼地奇妙迷人。

一首歌自動的自我的內在升起。

「喬丹河深又寬，我在另一邊找到我的愛。」

我完全不知道這首歌從哪冒出來的，我用男中音的音調，一遍又一遍反覆的唱著這首歌，這首歌把我內在深層的狂喜帶了出來。

過了一會，這首歌平息下來，我開始收到內在一連串的內在啓示和揭露，那是有關人類狀態現狀的自然性，靈性覺醒一些重要的關鍵開始揭露出來，我的意識全開，讓那古老的智慧流入，那偉大永恆的河流、真理和智慧開始自我傾瀉而出，就如同瀑布的水落下，真是令人興奮無比的經歷體驗。

突然間，能量改變了，愛的層次暴發性的加劇，我感到內在和在我周圍的存在現在，而這是我以前不知道的。就算這一刻我是處在不知中、我卻知道祂是上帝，這是不會錯的。然後上帝開始對我說話，祂請我說出基督的真相。

我不知道上帝在說什麼。

「我不知道基督的真相！」我抗議的回答，「而且就算我知道，我也很怕公開的說出來！」

「就依你所願，我的摯愛。」上帝回答。

就在上帝回答的那一刻，我發現上帝是充滿愛的、接受性的，和允許包容的，是超乎我能想像的一切。我被允許對上帝說「不」。每隔一段時間，上帝就會重複的要求我說出基督的真相，而我繼續回答「不」。

我驚訝的發現，上帝是完全沒有批判看法的，上帝是允許包容一切的上帝，祂用那勢不可擋、無條件的愛和接受，充滿我的整個存在體。

我維持停留在高度意識狀況下約三個星期，我處在永恆的境界裡，在那裡，時間是不存在的，所有一切都是那麼美麗和同一體。

終於到了離開這美麗聖殿的最後一天了，我完全沒有概念要去哪或我該做什麼，我甚至不記得怎麼開車，就好像屬於我內在的過去完全地消失不存在了一樣。

我找到了車鑰匙，卻不知該如何使用，我等了一會兒直到記憶慢慢的回來，我插入鑰匙開始發動車子，我把手放在駕駛盤上，輕輕地踩加速板，然後車子向前推進，這真的感覺很陌生，我覺得自己好像是第一次開車，而且開車的技術才剛剛開始萌芽。我知道如何開車。

我拜訪了幾位當地的友人，然後向南開去，在伍龍崗（Woolongong）和一位朋友會面，這段車程從雪梨（Sydney）往南約一小時，我仍然處在意識覺醒的狀態，不過我必須從高峰上的經歷下來。最後還是得回到現實中正常的存在，是融合的時候到了。

我的第二次覺醒經歷是在第一次覺醒後三年的事了，就是在第二次覺醒揭露了基督的真相，也是在這第二次覺醒我完全的進入了天堂在地球的體驗。

第二次覺醒

我花了三年的時間才融合了第一次覺醒的經歷體驗，在那段時間裡，我廣泛的閱讀，和拜訪數位印度明師，力圖去了解我發生了什麼事。

漸漸地，我回到了同一體和愛中，我又有了三年前的經歷體驗，不過這一次來勢比較柔和，而且我還能繼續在世界上運行。

我開始向團體成員跑去，和別人分享發生在我身上的事，那揭露給我的訊息。

一九八四年十二月，我再次回到傑士買靜修中心——我第一次覺醒的地方，這次我是跑來的，大約有三十人左右參加，他們大多數都曾和我一起合作超過一年。

這次的靜修十分有力量，幾乎每一個人都開放進入最深層存在現在的覺醒。

在靜修的最後一天，我進入了那永恆的存在空間，時間消失了，我進入了另一個經歷體驗的顛峰，這次似乎比上次來勢更兇猛，我經歷體驗到與所有接觸的一切，萬物同一體的體驗，那是十分奇幻美妙、充滿神祕性和奇妙感的，我沈浸在完美的寂靜、存在現在和愛之中。

在接下來的幾天，是祝福的交融，花草樹木、鳥兒、蟲兒，都是我親愛的伙伴，與我共同分享這美麗的世界。

大概在第五天，我躺在草地上休息，我閉上雙眼，伸展雙臂，深深的鬆懈下來，我能聽見遠處小河的流水聲，我能聽見鳥的啼叫聲。我的頭腦是寂靜的，我處在完美的存在現在狀態中。

然後，突然間，我發現自己運送，離開時間空間進入另一個空間，我在十字架上，正在經歷體驗釘死在十字架上的完美細節，就好像我是透過基督的眼睛去經歷體驗感受所有的感受，聽周圍的聲音等。我可以感受到被釘死在十字架上身體的痛苦，經歷釘在十字架上那恐怖的片刻，以及當基督哭喊叫出：「我的上帝，我的上帝，為什麼要拋棄我？」

然後緊接著有關基督釘在十字架上真正發生的事，及從祂死後到底發生了什麼事一連串的揭露了出來。

這揭露的過程一連呈現了好幾天，我同時處在幾個不同的意識領域中，一切的經歷體驗過程實在令人感到困惑和十分困難，我對這些揭露感到不堪負荷，縱使有關基督的神聖在這深層的境界是無庸置疑、令人深信的，不過，卻與那傳統的基督教信念有著令人震驚的不同。

在這次覺醒平息下來後，我是完全的筋疲力竭了，好幾個晚上沒吃也沒睡。我一些親密的友人開車把我帶到拜倫灣（Byron Bay），讓我住在他們家房屋後的小木屋裡；我癱在床上睡了整整三天，當我醒來時，我已處在地球上的天堂。

那個境界是無法用語言文字形容描繪的，我只能說我不再以個體的方式存在，我完全地被吸入了同一體中，我的頭腦絕對徹底的寂靜，過去和未來已消失不見。更精確地說，那就是在當下這刻之外沒有生命的存在。

小木屋位於美麗的森林裡，很偏遠很安靜，我只能聽到鳥兒歌唱的聲音，在以後的三個星期，我不是躺在床上，就是坐在窗邊的椅子上，完全地沈浸在神祕的存在中，偶爾我會出去散散步，不過我的身體由於這次的經歷顯得十分虛弱。

這段期間我的訪客很少，而來的那幾個都不知該如何和我相處，我無法和他們交談，不過要是有人問問題或尋求引導，我會回應，我經常處在極深的愛和同一體中。

直到有一天，這句話自我的內在自動的升起。

「沒有人會來了。」

不知為何這句話，傳達了一個信息給我，我必須自意識的山巔下來，恢復到正常的層面，這樣我才能在時間的世界裡運作，使自己能成為他人的引導者，讓尋求引導的人能夠找到我。

「如果沒有人來我這兒，那麼我就去他們那兒。」

從頂峰下來是相當困難的，約過了三個月，我才能夠在時間的世界裡重新生活。

結果我發現隔壁的小木屋正在拍賣，我買了下來，建了一個家，現在我有了在森林擴展的小木屋，我在那裡過了幾年和平的生活，有時，我會在我自己的土地上所建的靜心中心舉辦座談會和靜修活動。

我對覺醒的再來與否沒有任何的期待或欲求，我對現有的安靜與和平的生活十分知足，那就是外出散散步，去拜倫灣的小咖啡館飲茶，並和那些找上門的人分享教導。

在一九九〇年十二月，我安排了一次靜修之旅，再一次來到傑士買靜修中心。我即將進入我的第三次覺醒。

第三次覺醒

這是為期七天的靜修，到了第六天，我再一次大開門戶進入那存在的永恆空間，要是我回憶歸納那些早期的經歷體驗，我會說第一次的覺醒是大開心之門，第二次是打開進入基督的意識，第三次是進入上帝的意識。

我被帶入了存在的神祕旅程，我化成了石頭、樹木、鳥和天空，我經歷了時間洪流的初始至終結，我體驗到上帝存在於所有的一切之內，我感受到佛陀、基督和穆罕默德的存在現在，我被聖人和聖哲陪伴著，一切是那麼的神祕不可思議。

過了幾星期，覺醒的經歷體驗慢慢地平息了，我花了幾個月的融入才恢復到正常的生活。

另外三個覺醒的經歷

另外還有三個覺醒的經歷，第四個發生在拜倫灣，一九九二年我的家中，只持續了一個星期。這次的覺醒涵蓋的內容是對大自然的愛，和用愛心生活在世界上的真意。

隔年，我受邀在紐約和波士頓舉行座談研習會，由於反應熱烈，故而我決定移居美國，在接下來的五年內，我不斷地從一個地方旅行到另外一個地方，只要有邀請我就去，而我所有的財產都在我的後車廂裡。

第五次的覺醒發生在一九九四年夏天的紐約市，這次覺醒集所有覺醒之大成，也就是這次的覺醒融合所有過去的覺醒，當我漫無目的地走在曼哈頓的街上時，在意識完全改變的狀態下，所有的東西好像都掉進了一個地方，所有早期覺醒的洞察力和揭露全部都塌陷集中在一點，神聖的幾何原理，自我的頭腦升起，揭露了存在的源頭。

我再一次的經歷體驗到萬物同一體，不過這一次是和汽車、公車和路燈，而不是樹木、花草與河流，每個人在我看來都是開悟的，我也看見在這宇宙的舞台上，我們每個人都是才華洋溢的傑出演員，努力的扮演著自己的角色。

第五次覺醒後，我確定一切都已結束了，我的旅程已完成了，我不再有任何多餘的期望，然而在毫無預警下，第六次覺醒在一九九七年五月發生了。

我剛結束了在北密西根的靜修活動，待在距離安亞伯（Ann Arbor）約三十分鐘車程的切爾西（Chelsea）的一個朋友家中。

這第六次的覺醒過程，持續了約十四天之久，我覺得自己是永恆不朽的，我連繫著星星、太空，且關係十分緊密，我也和世界上昇天的明師及天使界緊緊的連繫著，我身處在極樂世界中。

這次覺醒的另一特點是對動物深摯的愛，我住的附近有一個農場，每天早上我會散步去到那兒和鵝群、孔雀自由地嬉戲，在綠色的小圍場內放牧著山羊和大馬，我對他們充滿了愛的感受，簡直就不知道該如何的描繪。

有一天，我心血來潮，想看看其他的動物，我想看獅子、老虎和大猩猩，我想看斑馬、長頸鹿，因此我的朋友就開車帶我去距離家兩小時車程最近的動物園，我們提前到達動物園，在門口等了一小時，直到園門開放。

我們終於進去了，第一個展區是大猩猩，牠們被圈養在長滿草的大園區內，從遠方望去，我看見一隻雄性的大猩猩，在牠的旁邊有一隻較小的母猩猩，還有兩、三隻年輕的猩猩，和一隻剛出生沒多久的幼猩猩。

我走到觀賞區內，透過一大片玻璃牆可以很清楚地看到牠們聚集在遠遠的角落上，當我站立在玻璃牆前時，我是處在很深的存在現在愛的狀態中。

在此時，那母猩猩慢慢地開始朝著我走過來，我隨著她的每一步變得愈來愈深入當下，而她在接近我的過程中一直注視著我的眼睛，她在我的正對面坐下，把手掌貼在玻璃上，問候歡迎我。

在那一刻我對她充滿了愛，她真正的是偉大的存在生命體，我也把手對著她的手放在玻璃上，我們一起進入了最深層的交流融合。

注視著她的眼睛就好像穿透看入永恆一般。我們持續了十分鐘寂靜交流的狀態，我發現自己對她說話。

「我愛你。」我一遍又一遍地重複說著。

然後自我內在的最深處升起浮現了悲痛。

「我很抱歉，」我告訴她，「我很抱歉我們這樣對待你。」

感覺好像我透過她對所有的猩猩表達說出我的感受，在我們的意識中怎麼會有如此的殘酷、殘暴的破壞毀滅呢？在和猩猩同處在存在現在的那個片刻，我覺得牠們比人類更加有意識更加尊貴，這是無庸置疑的。

來自我內在的自責比不上我對她的愛，我只是和她坐在一起，並不斷的對她說、反覆的說我愛她，而且我很抱歉。我們的交融又持續了約五分鐘左右，我訝異地發現幼猩猩慢慢的接近了過來，靠在母猩猩的身旁，幼猩猩專注的凝視我的眼睛，並把手貼玻璃和我的手吻合在一起。

接下來的十五分鐘，母子猩猩和我手對手的在一起，而在我們之間的是一層玻璃。凝視深入幼猩猩的雙眼，就像凝視進入純真無邪的汪洋。

過了一會，人們漸漸的聚集在一起，想看看到底發生了什麼事，他們大聲的說笑聲使我清楚的警覺到，該是放手離開的時候了，我向猩猩說再見並決定離開動物園，我回到朋友的家中，接連幾天均持續停留在覺醒狀態中。

我曾經在非洲親眼目睹生活在牠們自己自然環境的動物們，我目睹了獅子、河馬、斑馬、水牛、長頸鹿、猴子、狒狒和大象，全都和諧簡單地一起生活在肯亞。

那真是無法想像的美麗，不過我永遠也不會忘記我在托利多（Toledo）動物園和猩猩共度的神聖交融的時光。

對覺醒最後的叮嚀

我對覺醒經歷體驗的描述只不過是冰山一角，跟所有其他的經歷體驗一樣來來去去，他們來自上帝的恩典，他們隨著他們的意願離去，你不能留住他們，甚至不能欲求他們。

頂峰的經歷體驗在覺醒的過程是不怎麼需要的。

對大多數的人而言，覺醒是漸進的，他含括了接受真正的責任，與我執間正確良好的關係，他要求你有勇氣誠實的去揭露面對，在這漫長的人間之旅和分離所演變而來的你的每一個層面，你必須把所有壓抑在水庫的情感情緒、完全的洩空，你必須超越批判看法、成見、分別心，你必須完全的打開自己接受生命的真理、愛的真理和力量的真理。

不過覺醒真正最主要的訣竅是，學習「活在當下」的藝術，使「當下這刻」成為你生命的根本基石。

處在當下，活在存在現在是主要的訣竅，他揭露了「我是」的你，他揭露了「同一體」，他揭露了萬物之內均有活在存在現在的上帝，他揭露了天堂在地球，而且他會改變你在這時間運行的地球世界裡的生命。

作者生平介紹

李耳納・傑克伯森（Leonard Jacobson）是現代神祕學和靈性的導師，是一個承諾去引導並支持那些向整體之旅前進的人。

他於一九四四年出生在澳大利亞的墨爾本（Melbourne），並在那長大受教育，直到一九六九年從大學法律系畢業，畢業後也從事法律這一行直到一九七九年，之後他開始遊歷世界追尋靈性的啓發，他的足跡從美國、中東、印度至日本。

自一九八一年，他經歷體驗了第一次的覺醒後，又經歷體驗了一連串自發性神祕的覺醒，這些覺醒深深地改變了他對生命、真理和真實性的看法，而且每一次的經歷體驗都把他帶入了更深層的意識。

在過去的二十年，他舉辦了多場座談研習會和靜修活動，激勵啓發並引導那些走在覺醒路上的人。

他現居加州聖塔克魯茲（Santa Cruz），並在美國、歐洲、澳洲定期的舉辦夜間授課講習，週末研習會和長時間的靜修活動。

他是「意識生活基金會」（Living conscious Foundation）的創辦人，這是一個非營利機構，在二〇〇五年，他被國際宗教科學組織授予和平獎，雖然他不附屬於任何宗教團體或教會，他的教誨卻包含並超越所有的宗教。

他還有另外三本著作，《來自寂靜的訊息》（*Words from Silence*）、《擁抱當下》（*Embracing the Present*）、《架上天堂與地球的橋》（*Bridging Heaven & Earth*）等。

基金會網址：www.leonardjacobson.com

附錄——

李耳納問答錄

提問：李耳納，你所謂的「開悟」是什麼？

答：我可以從數個層面來回應你的問題。第一個說法就是開悟是存在體覺醒的狀態。當你所有的想法停止了，而你處在一種很深的內在寂靜狀態下，那你就是處在開悟的狀態中。你是如此地與你周遭的一切完全的沈浸在當下內，那分離感幾乎消失殆盡，而你經歷體驗到同一體。你感受到存在現在的上帝或你內在的神聖，及周遭一切事物內在的神聖。

那是甚深的祝福。一種內在深層的知升起而你處在寂靜中，你因此而知道你自己是愛的化身。那深刻的洞察和啓示有時會自寂靜內顯現出來。甚至發生那自動療癒的奇蹟。

這個覺醒的狀態是你那存在體的自然狀態。他就是真正的你是誰，一直存在你的內在。只是大多數的時候，你深陷在你那過去和未來的思想世界裡，你幾乎完全感覺不到他的存在。

在那最深層面的開悟或存在現在，所有的分離感消失殆盡。獨特個體性空間的你消失了，完全沒有那過去和未來的你的感官意識，也沒有任何當下這刻外生命的跡象。你幾乎完全地被吸入了這刻的同一體和奧祕的存在之中。

然而，在這個層面的你是無法在世界上運作的，你需要一群人照顧你。所以，我推薦一種比較柔和的開悟——這方法允許你以開悟和平衡的方式在這個世界上運行、運作。

這個意思就是，你雖然完全地駐足於當下這刻，不過時間的世界是許可的。也就是你處在這個世界裡，但不屬於這個世界。你有過去和未來的意識官感，但是你不會在任何方面認同他們。你清楚地知道只有這刻是生命的真理。

開悟同時也是一種過程。

每一次當你允許那壓抑的感受、想法和記憶自你那黑暗無意識的頭腦內顯現出來，進入覺知的意識之光中時，你就把更多的光帶入了你的生命與你的存在體內。只要你一直繼續這個，把你自己自過去的傷口和創痛中解放出來的過程，你就會漸漸地開悟，簡單的說，就是在你那無意識心智頭腦的黑暗內，沒有任何東西留在那兒了。

提問：是什麼原因造成身體的病痛？是頭腦的狀態、無常之因、外在的影響、因果業力、過去世或生化之因？還是概括以上全部的因素？還是每一個人都有不同的因素？

答：我想你已回答了你自己的問題，的確是包括了以上全部因素。不過，有些意義重大的因素，其中一項就是，我們對情感情緒疾病的否定、否認，是造成身體病痛或疾病的主要因素。例如，如果你在你的內在長期的帶著怨恨，那就一定會影響你的身體、形成身體的疾病。同樣的也會發生在壓抑的傷害、生氣和罪惡感的情感情緒上！

如果說身體攜帶所有壓抑和未能解決的感受在裡面，自然會造成負擔過重的現象。這就是為什麼活在愈來愈完全地當下這刻裡是十分有價值的。能在不斷地釋放過去，並活在愈來愈完全地當下這刻內，對身體的健康是強而有力的支撐。

至於業力的因素，最重要的方面是學習該學習的功課，治療你的靈體和釋放業力的歷史。你生命中任何的矛盾、衝突或不和諧都是象徵著你該學的那些功課。有些時候，過去世是身體疾病的根源，只有把那一個過去帶入意識覺知中治療才有可能會發生。這治療能發生在靈體的層面，同時也會發生在情感情緒與身體層面，而且有時是十分不可思議的。

我曾與一位女士一起面對過一種無法治療的腦瘤。她照理說應該活不久了，可是當她揭開了她的過去世，那充滿罪惡感的過去世，她的腦瘤竟然消失不見了。有趣的是，就算是她這一世也創造了很明顯的罪惡感，不過，只治療這世卻不夠，因為她疾病真正的根源是在另外一世。

身體的疾病涉及的因素很多。

你吃的東西和吃的習性對你的健康就是一種直接的影響。你心智的狀態也是主要的因素。如果說你經常地處在壓力或焦慮中，當然是會影響你的。

如果說內在的環境是靜止和安寧的，而且是在和諧的狀態裡，很明顯一定會提升健康。如果你繼續不斷地釋放你的過去，你的身體就沒有任何的負擔，也就積在裡面。

換句話說，如果你把過去積壓在裡面，他變成了你的身體實在是難以忍受的重擔時，身體自然就會衰弱、生病或疾病就趁機而入了。

有時疾病的形成只是單純的環境因素。我曾碰到一個女士在非常毒的工作環境下工作而中毒，跟她的心智狀況毫不相干。她業力的歷史是否與她中毒有關？或許吧！不過，在我與她的接觸過程並未揭露。

另外一位當事人則是於許多年前發生了嚴重的車禍，造成她永久性的傷害。在與她接觸的過程中，則揭露了是因她前世的業力主導了這起車禍，因為她的無意識拒真正的待在地球上。在那無意識的層面，她想要離開，致使這場車禍的發生。

實在是很難有結論。真的是仰賴於每個個體各自顯著的形成因素。而疾病甚至有可能只是單純地顯示你的身體需要淨化了。

有一樣可以確定的就是，無論造成生病或疾病的原因是什麼，那生病或疾病真正的經歷體驗，提供了靈體層面治療和蛻變進化的機會。當你的身體生病的時候，你和那病之間的關係怎麼樣？你如何的回應？有些人在面對疾病時找到了內在堅毅的力量。有些人就算未能導致身體的治療，卻活在靈體深刻的治療中。

李耳納問答錄原文網址：

http://www.leonardjacobson.com/answer1.php

http://www.leonardjacobson.com/answer35.php

本篇文章為本書譯者 Tina Tan 所翻譯，更多中文版李耳納問答錄請上「朝向完全覺醒的生命之旅」部落格：

http://blog.yam.com/enlightenmen/category/2121634

http://tw.myblog.yahoo.com/enlightenmen-1

致謝

眞摯的感謝瑪琍，她的愛和奉獻，每天啓發著我。
同時感謝 Rachmat, Halimah, Fram, Stephen和Claire，
他們愛的支持，協助我分享我的教導。

也十分感謝學生們與眞理追尋者，
他們完全毫不保留的呈現自己。
是你們的勇氣和誠實，
讓我能深入的透視人類的靈體，
見證了宏偉壯麗的內在世界。

對你們每一位，我由衷的感謝。
我愛你們！

李耳納工作坊教學內容概述

（一）了解眞理是超越信念的

生命兩種選擇的可能性……堅持處在當下這刻是根本的選擇。

當你完全的處在當下，沒有想法，你是處在那存在現在的狀態，你在現在這裡，你在經歷體驗那真理和真實的當下這刻，那分離的幻象消失了，你處在內在寂靜的狀態中，回應那在片刻接著片刻中一切的真實事物。

只要你能善用那五個感官意識的感覺，就能把你自己帶入與那真實存在當下這刻的一切同在一起，就是處在當下。

（二）把覺醒狀態直接傳給你

那事實是，只有一個存在體，只有一個存在現在，只有一個意識，而我們全部都是那唯一意識的表達個體。

當你參加李耳納的工作坊，你會進入那覺醒狀態的直接經歷體驗。具體來說是李耳納那深又強而有力的存在現在，呼喚出你那已經完整和完全空間層面的你，那空間層面的你一直都存在你的裡面，不過，由於你太投入於頭腦的世界，你切斷了你自己的意識去經歷體驗他。

（三）進入靈體的治療

當你深入存在現在覺醒的狀態中，那未解決的過去意識事件會升起浮現，讓你去治療並完成他。這經常涉及那情感情緒上創痛的治療，和你兒時與你父母之間的關係或其他你兒時的創痛事件。

你內在衝突、矛盾的源頭或身體的疾病，經常是始於過去世。參加李耳納的工作坊、研習會或私人對話引導約會，那過去世的傷痛和未解決的事件或許會升起，讓你去治療並完成他。不但使你的靈體得到治療，同時對你現在的生命也有著深刻的治療與解放。這會使你深深的深入存在現在裡。

最後，你會了解、覺知到在你生命裡所發生的所有問題與困難的遭遇，都不過是為了讓你的靈體得到治療和學習功課的機會，也同時是你在這一世要學習的功課。

李耳納其他作品介紹

來自寂靜的訊息 *Words from Silence*

——靈性覺醒的邀請函

一封靈性覺醒的邀請函，揭露了許多覺醒的隱藏之鑰，提供給你清楚的引導，給那些走在靈性之路的人。每一頁皆是那真理本質熱情美麗的表達。他和讀者的心靈體直接的溝通，柔和地邀請來自存在體深層的回應。

擁抱當下 *Embracing the Present*

——活在那覺醒的生命中

過一個覺醒的生命，這本書會照亮靈性覺醒之路，以那完美的精確性，作者引導讀者通過頭腦迷宮，和他那過去及未來的幻想世界，進入那真實的和光明的當下這刻世界。閱讀這本簡單、強而有力又具挑戰性的書就是去擁抱靈性的旅程，他會深深地觸動你，把完全完整性和完成帶入你的生命中。

架上天堂與地球的橋 *Bridging Heaven & Earth*

——回到一

這本書所提供的內在視野和了解是從最深層面的開悟中升起的。包括了多樣性的題目，像是我們的存在體他那多層次空間層面的自然性、上帝那永恆的窘境、靈體之旅、靈體的治療、靈體的下降、覺醒之鑰、脱離我執的控制、生命宇宙的律法、上帝意識、耶穌的真相等許多許多。

（上述作品正在翻譯中，中文版即將陸續出版。）

生命潛能出版圖書目錄

心靈成長系列		作者	譯者	定價
ST0109	冥想的藝術	葛文	蕭順涵	130
ST0111	如何激發自我潛能	山口 彰	鄭清清	170
ST0115	做自己的心理醫生	費思特	蔡素芬	180
ST0119	你愛自己嗎？	保羅	蘇晴	250
ST0122	影響你生命的十二原型	皮爾森	張蘭馨	350
ST0124	工作中的人性反思	柯萬	張金興	200
ST0125	平靜安穩	匿名氏	李文英	180
ST0126	豐富年年	波耶特	侯麗煬	280
ST0127	心想事成	葛文	穆怡梅	250
ST0131	沒有你我該怎麼辦？	米勒	許梅芳	130
ST0133	天生我材必有用	米勒＆梅特森	鄧文華	210
ST0136	一個幸福的婚禮	約翰・李	區詠熙	260
ST0137	快樂生活的新好男人	巴希克	陳蒼多	280
ST0139	通向平靜之路——根絕上癮行為的新認知法則	約瑟夫・貝利	黃春華	180
ST0140	心靈之旅	珍妮佛・詹姆絲	侯麗煬	200
ST0142	理性出發	麥克納	陳蒼多	200
ST0143	向惡言惡語挑戰	詹姆絲	許梅芳	220
ST0144	珍愛	碧提	黃春華	190
ST0145	打開心靈的視野	海瑟頓	鄧文華	320
ST0147	揭開自我之謎	戴安	黃春華	150
ST0148	自我親職——如何做自己的好父母	波拉德	鄧文華	200
ST0149	揮別傷痛	布萊克	喬安	150
ST0151	我該如何幫助你？	高登	高麗娟	200
ST0152	戒癮十二法則	克里夫蘭＆愛莉絲	穆怡梅	180
ST0153	電視心理學	早坂泰次郎＆北林才知		200
ST0154	自我治療在人生的旅程上	羅森	喬安	200
ST0155	快樂是你的選擇	維拉妮卡・雷	陳逸群	250
ST0156	歡暢的每一天	蘇・班德	江孟蓉	180
ST0157	夢境地圖	吉莉安・荷洛薇	陳琇／楊玄璋	200
ST0158	感官復甦工作坊	查爾斯・布魯克		180
ST0159	扭轉心靈危機	克里斯・克藍克	許梅芳	320
ST0160	創痛原是一種福分	貝佛莉・恩格	謝青峰	250
ST0161	與慈悲的宇宙連結	拉姆・達斯＆保羅・高曼	許桂綿	250
ST0165	重塑心靈	許宜銘		250
ST0166	聆聽心靈樂音	馬修	李芸玫	220
ST0167	敞開心靈暗房	提恩・戴唐	陳世玲／吳夢峰	280
ST0168	無為，很好	史提芬・哈里森	于而彥	150

ST0169	心的嘉年華會	拉瑪大師	陳逸群	280
ST0170	釋放焦慮七大祕訣	A.M.瑪修	蕭順涵	160
ST0172	量身訂做潛能體操	蓋兒．克絲&席拉．丹娜	黃志光	220
ST0173	你當然可以生氣	蓋莉．羅塞里尼&馬克．瓦登	謝青峰	200
ST0175	讓心無懼	蘭達．布里登	陳逸群	280
ST0176	心靈舞台	薇薇安．金	陳逸群	280
ST0177	把神祕喝個夠	王靜蓉		250
ST0178	喜悅之道	珊娜雅．羅曼	王季慶	220
ST0179	最高意志的修煉	陶利．柏肯	江孟蓉	220
ST0180	靈魂調色盤	凱西．馬奇歐迪	陳麗芳	320
ST0181	情緒爆發力	麥可．史凱	周晴燕	220
ST0182	立方體的祕密	安妮＆斯羅波登	黃寶敏	260
ST0183	給生活一帖力量—— 現代人的靈性維他命	芭芭拉．伯格	周晴燕	200
ST0184	治療師的懺悔—— 頂尖治療師的失誤個案經驗分享	傑弗瑞．柯特勒＆ 瓊恩．卡森	胡茉玲	280
ST0185	玩出塔羅趣味	M.J.阿芭迪	盧娜	280
ST0186	瑜伽上師最後的十堂課	艾莉絲．克麗斯坦森	林惠瑟	250
ST0187	靈魂占星筆記	瑪格麗特．庫曼	羅孝英／陳惠嬪	250
ST0188	催眠之聲伴隨你（新版）	米爾頓．艾瑞克森&史德奈．羅森	蕭德蘭	320
ST0189	通靈工作坊—— 綻放你內在的直覺力與靈性潛能	金．雀絲妮	許桂綿	280
ST0190	創造金錢（上冊）—— 運用磁力彰顯財富的技巧	珊娜雅．羅曼＆杜安．派克	沈友娣	200
ST0191	創造金錢（下冊）—— 協助你開創人生志業的訣竅	珊娜雅．羅曼＆杜安．派克	羅孝英	200
ST0192	愛與生存的勇氣—— 自我關係療法的詮釋與運用	史蒂芬．吉利根	蕭德蘭、劉安康、 黃正頤 梁美玉等	320
ST0193	水晶光能啓蒙—— 礦石是你蛻變與轉化的資產	卡崔娜．拉斐爾	鄭婷玫	250
ST0194	神聖占星學—— 強化能量的鍊金術	道維．史卓思納	張振林	250
ST0195	擁舞生命潛能（新版）	許宜銘		220
ST0196	內在男人，內在女人—— 探索內在男女能量對關係 與工作的影響	莎加培雅	沙微塔	250
ST0197	人體氣場彩光學	喬漢娜．費斯林傑＆ 貝緹娜．費斯林傑	遠音編譯群	250
ST0198	水晶高頻治療—— 運用水晶平衡精微能量系統	卡崔娜．拉斐爾	弈蘭	280
ST0199	和內在的自己玩遊戲	潔娜．黛安	黃春華	200
ST01100	和內在的自己作朋友	潔娜．黛安	黃春華	200

ST01101	個人覺醒的力量—— 增強心靈感知與能量運作的能力	珊娜雅・羅曼	羅孝英	270
ST01102	召喚天使—— 邀請天使能量共創幸福奇蹟	朵琳・芙秋博士	王愉淑	280
ST01103	克里昂靈性寓言故事—— 以高層心靈的視界， 突破此生的課題與業力	李・卡羅	邱俊銘	250
ST01104	新世紀揚昇之光—— 開啟高次元宇宙奧祕與揚昇之鑰	黛安娜・庫柏	鄭婷玫	300
ST01105	預知生命大蛻變—— 由恐懼走向愛的聖魂進化旅程	弗瑞德・思特靈	邱俊銘	320
ST01106	古代神祕學院入門書—— 超感應能力與脈輪開通訓練	道格拉斯・德龍	陶世惠	270
ST01107	曼陀羅小宇宙—— 彩繪曼陀羅豐富你的生命	蘇珊・芬徹	游琬娟	300
ST01108	家族系統排列治療精華—— 愛的根源回溯找回個人生命力量	史瓦吉多	林群華、黃翎展	380
ST01109	啟動神祕療癒能量—— 古代神祕學院進階療癒技巧	道格拉斯・德龍	奕蘭	280
ST01110	玩多元藝術解放壓力	露西雅・卡帕席恩	沈文玉	350
ST01111	在覺知中創造十大法則	弗瑞德・思特靈	黃愛淑	360
ST01112	業力療法——清除累世 障礙，重繪生命藍圖	狄吉娜・沃頓	江孟蓉	320
ST01113	回到當下的旅程—— 靈性覺醒道路上的清晰引導	李耳納・傑克伯森	鄭羽庭	360
ST01114	靈性成長—— 與大我合一的學習之路	珊娜雅・羅曼	羅孝英	320

美麗身心系列		作者	譯者	定價
ST80001	雙人親密瑜伽—— 用身體來溝通、分享愛和喜悅	米夏巴耶	林惠瑟	300
ST80002	花草能量芳香療法—— 融合陰陽五行發揮精油 情緒調理的功效	蓋布利爾・莫傑	陳麗芳	320
ST80003	圖解同類療法——37種 常見病痛的處方及藥物寶典	羅賓・海菲德	陳明堯	250
ST80004	圖解按摩手法—— 體驗雙手探索身體的樂趣	伯尼・羅文	林妙香	250
ST80005	水晶身心靈療方	海瑟・芮芳	鄭婷玫	360
ST80006	五大元素療癒瑜伽—— 整合脈輪的瑜伽體位法	安碧卡南達大師	林瑞堂	380
ST80007	樹的療癒能量	派屈斯・布夏頓	許桂綿	320
ST80008	靈氣情緒平衡療方	坦瑪雅・侯內沃	胡澤芬	320

心靈成長 113

回到當下的旅程
——靈性覺醒道路上的清晰引導

原著書名／Journey into Now: Clear Guidance on the Path of Spiritual Awakening
作　　者／李耳納・傑克伯森（Leonard Jacobson）
譯　　者／鄭羽庭 Tina Tan
總 編 輯／黃寶敏
執行編輯／王美智
行銷經理／陳伯文
發 行 人／許宜銘
出版發行／生命潛能文化事業有限公司
聯絡地址／台北市信義區(110)和平東路三段509巷7弄3號1樓
聯絡電話／(02)2378-3399
傳　　真／(02)2378-0011
網　　址／http://www.tgblife.com
E-mail／tgblife@ms27.hinet.net
郵政劃撥／17073315（戶名：生命潛能文化事業有限公司）
郵購九折，郵資單本50元、兩本以上80元，購書滿2500元以上免郵資

總 經 銷／吳氏圖書有限公司・電話／(02)3234-0036
內文排版／普林特斯資訊股份有限公司・電話／(02)8226-9696
印　　刷／承峰美術印刷・電話／(02)2225-7055

2008年 12 月初版
定價：360元

ISBN: 978-986-7349-80-4
Journey into Now: Clear Guidance on the Path of Spiritual Awakening By Leonard Jacobson

Original Publication 2007 by Conscious Living Publications

行政院新聞局局版台業字第 5435 號　如有缺頁、破損，請寄回更換

國家圖書館出版品預行編目資料

回到當下的旅程：靈性覺醒道路上的清晰引導／李耳納・傑克伯森(Leonard Jacobson)著；鄭羽庭譯. -- 初版. --臺北市：生命潛能文化, 2008. 12
面；　公分. --（心靈成長；113）

譯自：Journey into Now: Clear Guidance on the Path of Spiritual Awakening

ISBN 978-986-7349-80-4 (平裝)

1. 靈修　2. 超心理學　3. 自我實現

192.1　　97022177

讓生命潛能 帶你探索心靈世界的真、善、美
Life Potential Publishing Co., Ltd